D1677905

Lisa Franz

Ein Jahr in Buenos Aires

Lisa Franz

Ein Jahr in Buenos Aires

Reise in den Alltag

HERDER

FREIBURG · BASEL · WIEN

Für Dagmar und Uli

MIX
Papier aus verantwor-
tungsvollen Quellen
FSC® C017859

Originalausgabe

© Verlag Herder GmbH, Freiburg im Breisgau 2012
Alle Rechte vorbehalten
www.herder.de

Satz: Dtp-Satzservice Peter Huber, Freiburg
Herstellung: CPI Moravia Books, Pohorelice

Printed in Czech Republic

ISBN 978-3-451-06235-3

Inhalt

Dezember
   Das verwunschene Haus   7

Januar
   Das Bidet oder die Suche nach dem Örtchen   23

Februar
   Raue Zeiten   39

März
   11 463 Kilometer oder einmal Köln – Buenos Aires   54

April
   Von Liebe, die durch den Magen geht   70

Mai
   Zurück zum Ursprung –
   Yogatango und präkolumbianische Geschichten   85

Juni
   Tod und Kunst oder leben in meiner Stadt   100

Juli
   Wilde Kerle   116

August
   Eine Stadt im Dunst   131

September
    Coca-Cola, Facebook und Kultur   147

Oktober
    2001, Gestalt und Fußball: Spannung bitte   160

November
    Vollmondtanz   178

Epilog   191

Dezember

Das verwunschene Haus

Beschwingt vom Tango kamen wir in einer lauen Sommernacht im Viertel Palermo Soho an. Das Taxi ließ uns an der Straßenkreuzung Scalabrini Ortiz und Charcas raus.

Schwach leuchtend wirkte er verloren im Dunkeln zwischen den menschenleeren breiten Straßen. Er war einer dieser dunkelgrünen Blumenstände, die alle paar Blocks entlang der großen Avenidas von Buenos Aires stehen und die es in ähnlicher Ausführung auch als Zeitungsstände gibt. Normalerweise wird die vergitterte Vorderseite nachts heruntergeklappt, damit sie mit kleinen eisernen Schlössern befestigt werden kann, um den kostbaren Inhalt der vier Metallwände vor Raub und Nässe zu schützen. Erstaunlicherweise empfingen uns nicht ein verschlossener Verschlag und die Stille der Nacht, sondern laut scheppernde Cumbia-Musik. Es hörte sich an, als würden die lateinamerikanischen Rhythmen aus dem erleuchteten Inneren kommen. Selbst als die Quelle der Klänge ergründet war, glaubten wir dennoch nicht, was wir sahen: einen offenen Blumenstand, in dem rauchend ein Mann saß. Es war zwei Uhr morgens. Mittwoch früh!

Anna, meine Schweizer Tangofreundin, die ich erst vor ein paar Tagen im Hostel kennengelernt hatte, besaß wegen ihrer blonden Lockenpracht etwas Engelhaftes. Sie war wie viele Touristen ausschließlich zum Tangotanzen für ein paar Wochen hergekommen und lockte mich in sämtliche Milongas, wie man die Tangotanzlokale von Buenos Aires nennt. Nun fragte sie mich mit großen Augen, was dieser Mann zu dieser Uhrzeit hier mache. Auf ihre Frage konnte ich nur mit Achselzucken antworten. „Komm, lass es uns herausfinden!"

Im vollgestopften Innern des Miniladens konnten wir einen peruanisch aussehenden Mann erkennen, der es sich zwischen einer beträchtlichen Anhäufung von Blumensträußen auf einem Stuhl bequem gemacht hatte. Seine kurzen Beine hatte er auf einem kleinen gelben Klapptisch hochgelegt. Der Qualm von Räucherstäbchen stieg aus den Tiefen der Behausung auf und verlieh dem eigentümlichen Stübchen etwas Tempelartiges. Endlich entdeckte ich die Quelle der Musik: Auf dem Schoß des Mannes ruhte ein tragbares Radio, aus dem es gehörig schepperte.

Als der Mann unsere erstaunten Gesichter erblickte, begrüßte er uns lässig, ohne sich von seinem Thron zu erheben: „Hola Señoritas, wie geht's? Was macht ihr so alleine hier?" „Wir kommen vom Tangotanzen. Und du, was machst du hier?", fragte ihn Anna, immer noch verdutzt. „Tango tanzen?", fragte der Blumenmann zurück, ohne auf ihre Frage einzugehen. „Das ist nur was für sentimentale Porteños. Ihr müsst wissen, das sind die Leute aus Buenos Aires. Glaubt mir, das Leben ist viel zu kurz, um es mit diesem tristen Tanz zu vergeuden. Cumbia, das zieht!" Die Unterhaltung schien mit diesen Worten ihr Ende gefunden zu haben. Anna und ich guckten uns vielsagend an und gingen Richtung Hostel davon.

Wollte dieser Kerl allen Ernstes mitten in der Nacht Geld verdienen? Wer kauft um diese Uhrzeit Blumen? Mir war gleich am Anfang meines Aufenthalts aufgefallen, dass Buenos Aires eine wahrhaft verrückte Stadt ist – aber so verrückt? Da begegnet dem Nachtschwärmer Mittwoch früh ein Peruaner, der in einem verrauchten Ministand voller Blumen eingequetscht sitzt, laut Cumbia-Musik hört und behauptet, dass Tango nur was für die sentimentalen Einwohner von Buenos Aires sei.

Als wir, immer noch über die skurrile Nachtszene lachend, die menschenleere Straße Richtung Hostel entlangspazierten, tollte ein nächtlicher Sommerwind zwischen den alten Häusern und folgte uns rastlos. Schon bald kam die Sprache auf Tangolehrer Pablo. Alle nannten ihn nur El Indio. „Was für ein Mann. Mit seinen breiten Schultern, seiner starken Brust und seinen markanten Gesichtszügen vereint er alle wünschenswerten männlichen Attribute, die durch seine elegante und stolze Art, Tango zu tanzen, noch veredelt werden", schwärmte Anna. Ich erinnerte mich an die erste Begegnung mit ihm vor ein paar Stunden in La Catedral, der Milonga, die schon bald zu meinem Favoriten unter den Tangolokalen werden sollte. Ja, sie hatte recht, dieser Tangolehrer war etwas Besonderes. Sein sympathisches Lächeln und seine überaus freundliche Art hatten auch mich beeindruckt.

Als wir um drei Uhr morgens, viel zu spät für uns, für die lokalen Verhältnisse dagegen früh, im Hostel ankamen, merkte ich plötzlich, dass ich todmüde war. Anna und ich wünschten uns eine gute Nacht, und nachdem sie im Schlafsaal nebenan verschwunden war, fiel ich schwer wie ein Stein in mein schiefes Bett.

Das Handy klingelte wahrscheinlich schon zum zehnten Mal, ohne mich aus dem Bett zu bekommen. Es musste mitten in der Nacht sein, dachte ich im Halbschlaf, war ich doch eben erst nach Hause gekommen. Während ich langsam zu mir kam, merkte ich endlich, was angesagt war. Natürlich, ich musste heute ins *Microcentro*, in die Innenstadt, um mich um das Einjahresvisum zu kümmern. Ein Blick auf das Display meines Handys sagte mir, dass es acht Uhr früh war. Die Luft im Zimmer stand, es war bereits ziemlich heiß.

Mühsam stand ich auf, ging in das am anderen Ende des Flurs gelegene Bad, um mir mit dröhnendem Kopf die Zähne zu putzen. Bevor ich das Hostel verließ, musste ich noch eine Tasse Milchkaffee trinken und versuchen, im Chaos meines Zimmers die benötigten Papiere zusammenzusuchen. Heute wollte ich alle Dokumente, die ich aus Deutschland für die Beantragung des argentinischen Visums mitgebracht hatte, zum staatlich geprüften Übersetzer bringen. Später müsste ich diese Papiere dem Ausländeramt Dirección Nacional de Migraciones vorlegen.

Während ich mit der Kaffeetasse in der Hand suchend und schwitzend im Zimmer umherlief, wurde mir langsam klar, dass ich nicht auf Urlaub gekommen war. Nein, ich hatte mein Leben in Deutschland aufgegeben, um hierzubleiben! Die Wohnung in Köln war langfristig vermietet, meine Siebensachen hatte ich in einer Großaktion in unser Familienhaus im Süden geschafft und auch bei einem *garage sale* für nix und wieder nix verhökert. Mein Fotostudio und Büro waren auch aufgelöst worden. Was hatte ich bloß getan? Fragen, vor allem aber Zweifel drehten plötzlich Pirouetten in meinem Kopf. Niemals, dachte ich in diesem Moment, niemals halte ich es hier ein Jahr lang aus.

Um mich zu beruhigen, stellte ich mir die Frage, ob es womöglich zum Schicksal eines in der Fremde geborenen Menschen gehört, immer wieder die Ferne zu suchen. Noch vor einer Woche hatte meine Mutter Marlene am Frankfurter Flughafen zu mir gesagt: „Ich wünschte, ich hätte dich nicht in Peking zur Welt gebracht." Ihre Worte hallten nun wie das Echo einer Offenbarung in mir wider. Plötzlich kam es mir vor, als habe sie recht: Anscheinend folgte ich einem beharrlichen Bedürfnis, seit meiner Geburt in China vor neunundzwanzig Jahren, denn immer schon war die Suche nach der Fremde ein Thema in meinem Leben gewesen. Es kam mir vor, als folgte ich jetzt wieder der Faszination des Unbekannten. Noch war ich mir nicht sicher, ob dieses „neu entdeckte Schicksal" eine Last oder ein Geschenk war. Ich ahnte allerdings, dass es aus einem Kern bestand, der beides in sich vereinte: Freude und Leid, Ruhe und Rastlosigkeit, Besonnenheit und Hektik, Weitsicht und Blindheit.

Meine schicksalhafte Suche nach dem Unbekannten hatte mich bereits in Deutschland auf fünf verschiedene Ämter getrieben, wo man feststellte, dass ich überhaupt nicht registriert war. Bereits am Telefon hatte mir eine kurz angebundene Dame beim Standesamt I in Berlin, wo normalerweise alle im Ausland geborenen Kinder registriert werden, diese bittere Wahrheit mitgeteilt. Nachdem ich bis nach Peking telefoniert hatte, von wo mir eine teilnahmslose Stimme bestätigte, dass in der deutschen Botschaft auch keine Papiere über meine Herkunft existierten, gab ich fürs Erste auf. Ich fühlte mich elend. Die Tatsache, dass ich formell nicht existierte, war nicht sonderlich erbaulich. Vielleicht war es gar nicht die Suche nach dem Unbekannten, welche mich immer wieder in die Ferne trieb, sondern die Suche nach einer Identität. Womöglich reist man ins Ausland, um dort seine inoffizielle Identität zu finden, wenn man daheim schon keine offizielle besitzt.

Die Stimmen draußen an der Rezeption ließen mich aufhorchen, es klang, als seien neue Gäste angekommen. Rasch verabschiedete ich meinen Kopfzirkus, immerhin gab es Wichtigeres zu erledigen: die fehlenden Papiere für mein Visum zu besorgen. So verließ ich kurze Zeit später mit einem flauen Gefühl im Magen das Hostel. Ich machte mich auf den Weg zur Metro, die in Buenos Aires *subte* genannt wird, um zum Colegio de Traductores Públicos in der Avenida Callao zu fahren.

An diesem Morgen kam mir Buenos Aires, die Stadt, die

ich in einer romantischen Anwandlung mit Paris verglichen hatte, wie ein stinkender und lärmender Moloch vor. Ein Moloch, wo an jeder Ecke dunkle Gestalten lauern, die mir Handtasche und Leben rauben wollen. Jeder Atemzug wurde plötzlich zu einem gefährlichen Unternehmen, denn die Luft glich einer zähen, schwarzen Masse, die sich mit jedem Augenblick tiefer in meine Lungen zu ätzen schien. Über Nacht hatte sich die Stadt in einen dichten Betondschungel verwandelt, der weder Anfang noch Ende kannte und sich nur von Dreck und üblen Fantasien ernährte. Der auch keinen sichtbaren Sinn ergab, vielmehr aus einem zusammenhanglosen Scherbenhaufen bestand, der jeden Vorbeikommenden zu verletzten drohte. Ich verstand die Stadt plötzlich nicht mehr und verlor die Orientierung. Wie auch anders, ich hatte ja fast mein ganzes Leben im gemütlichen, rheinländischen Köln und acht Monate im andalusischen Sevilla gewohnt, das weniger als 800 000 Einwohner zählt. Und jetzt sollte ich in dieser Megastadt mit ihren elf Millionen Menschen überleben? Okay, nach dem Abitur war ich ein Jahr um die Welt gereist, sodass ich mit zwanzig einige der Megastädte dieser Welt kennengelernt hatte. Allerdings als Reisende und nicht als Bleibende. Immerhin ein feiner Unterschied!

Als ich nach mehreren Stunden mit erfüllter Tagesmission zurück ins Hostel kam, fühlte ich mich niedergeschlagen. Das andauernde Schwitzen, der höllisch laute Verkehr und die Sorge um das Visum hatten mir alle Energie geraubt. In diesem Zustand des Zweifelns bemerkte ich, dass mir das Hostel nicht mehr ganz geheuer war. Bereits Wochen im Voraus hatte ich per Internet das Casa Jardín gebucht, weil im Dezember die Hauptreisezeit ist. Unbedingt wollte ich hier unterkommen, denn das Casa Jardín lag in Palermo Soho, einem der angesagtesten Viertel der Stadt, und es befand sich in einem majestätischen alten Gebäude, auf dessen Dach sich eine weitläufige Terrasse erstreckte. Mein Zimmer war einladend, mit Balkon und gemütlicher Einrichtung. Allerdings lag es zur Straße hin: eine Rennstrecke, über die ausnahmslos jedes Fahrzeug von Buenos Aires zu rasen schien. Dazu kam, dass meine vier Wände ein Fenster zum Aufenthaltsraum besaßen. Was ich anfangs irgendwie cool gefunden hatte, nervte mich zusehends mehr, denn nun konnten mich sämtliche Traveller mit fettigen Haaren und verstimmt im Bett liegen sehen. Außerdem hielt sich auf der anderen Seite des Fensters nicht nur heute, sondern dauernd ein unglaublich gut gelauntes, Gitarre spielendes Hippie-Weltenbummlergrüppchen auf.

„Hey, ya, how is it goin'?", fragte mich der blonde Surfer-Typ durch die Scheibe meines Innenfensters und grinste breit. Ich lächelte schwach, stieg mit einem leichten Schwindelgefühl auf den Sessel und versuchte, meine Wolldecke mit sämtlichen Haarklammern vor das „Wohnzimmerfenster" zu hängen, um wenigstens einen Anschein von Privatsphäre zu schaffen. Für das gravierende Geräuschproblem hatte ich als erfahrene Weltreisende ein Mittelchen parat: meine Ohrstöpsel, die ich mir nun tief in beide Gehörgänge stopfte. Erschöpft ließ ich mich auf die Matratze fallen und schlief sofort ein.

Als ich die Augen wieder aufschlug, dämmerte es bereits. Im diffusen Licht, das sämtliche Farben im Zimmer zu Grau verschmelzen ließ, sah ich die Umrisse zweier großer Rollkoffer und einer massigen Tasche. Vor meinem Bett standen zwei Koffer und die Fototasche, die ich aus Deutschland mitgebracht hatte. Damian musste sie mir vorbeigebracht haben, hatte ich sie doch aus Sicherheitsgründen gleich nach der Ankunft in seinem Haus deponiert. Das Gepäck enthielt nicht nur Kreditkarte und Bargeld, sondern auch meine professionelle Fotoausrüstung. Da viele Argentinier mich immer wieder mit besorgten Gesichtern vor den vielen *chorros*, den Dieben, gewarnt hatten, hatte ich diese Maßnahme anfangs noch für nötig gehalten. Mittlerweile vertraute ich den Leuten vom Hostel und bat Damian, mir meine Schätze vorbeizubringen. Während ich geschlafen hatte, musste er meine Koffer ins Zimmer gebracht haben. Was für eine tolle Überraschung!

Damian, der Argentinier mit den großen, dunklen Augen, der mich sogar vom internationalen Flughafen Ministro Pistarini Ezeiza abgeholt und in seiner Heimat willkommen geheißen hatte, war immer noch derselbe tolle Mann. Er hatte sich nicht verändert, seit ich ihn vor über zehn Jahren im australischen Byron Bay kennengelernt hatte. Und Buenos Aires, das war für mich bis vor Kurzem sein Domizil und seine Familie gewesen. Im kleinen Eckhaus inmitten der breiten, mit Pflastersteinen geschmückten Straßen zwischen den Vierteln Caballito und Chacarita kam ich im Jahr 2000 das erste Mal an und atmete den einzigartigen Duft der Metropole der „Guten Winde", wie Buenos Aires übersetzt heißt, ein. Einen Duft, den ich nie wieder vergessen sollte, eine geheimnisvolle Note aus frischem Laub, Metro-Luft, Pflastersteinen und Maschinenöl.

Die Abende in dem alten Haus, vor allem im Patio, waren zauberhaft. Exotisches Vogelgezwitscher von der Palme her, während sich der Himmel über uns langsam rosarot färbte. In Gedanken hatte ich in den letzten zehn Jahren unzählige Male in der weißen Hängematte gelegen, mich hin- und hergewiegt, während von Weitem Motorenlärm an mein Ohr drang. Gern hatte ich die vorbeiziehenden Wölkchen beobachtet und den zauberhaften Tönen Chopins gelauscht, die leise und zart aus der Küche kamen, während Pacho, Damians alter Hund, mich aufmerksam beobachtete. Die uralte Palme hinten an der brüchigen Mauer beherbergte seit Ewigkeiten anmutige, kleine Tauben. Und die schrien pünktlich zu Tagesanbruch und zur Dämmerung wie die wilden Affen, denen ich mit neunzehn Jahren auf meinen Streifzügen durch die bergige Tempelanlage Pashupatinath im nepalesischen Kathmandu begegnet war. Als markanter Teil der lateinamerikanischen Kulisse im Patio des in der Zeit versunkenen Hauses tauchte Alfredo, Damians tauber Vater, vor meinem inneren Auge auf. Auch er schien die Dämmerung im Hof des Hauses, in dem er seit über vierzig Jahren lebte, zu lieben. Manchmal legte er extra für unsere Treffen im Innenhof sein Hörgerät an, das aussah, als stammte es aus dem letzten Jahrhundert. Diese „Aufrüstung" entsprach der höchsten Ehre, die der alte Mann einem Besucher zukommen ließ. Das Hörgerät legte er extra für eines seiner eigentümlichen, sich immer gleich abspielenden Gespräche an. „Ich bin schon alt, mir tut alles weh. Altsein ist schrecklich, man ist für nichts mehr gut. Meine Frau lebt auch nicht mehr, wofür also das Ganze." An Tagen, an denen er besser drauf war, variierte er die Unterhaltung. „Für wie alt schätzten Sie mich?", fragte er dann. Worauf ich spaßhaft zu antworten pflegte: „Auf fünfzig." Augenblicklich verzog er das Gesicht. „Neiiin, ich bin viel älter, ich bin schon fünfundachtzig Jahre alt!" Und wenn er richtig gut aufgelegt war, fragte er noch: „Sind Sie nicht aus Deutschland? Dann sind Sie sicherlich die Tochter von Marlene Dietrich, nicht wahr?"

Alfredo und seine Familie stammten aus Córdoba. Vor vielen Jahren waren sie nach Buenos Aires gezogen, so wie die meisten Arbeiterfamilien in der Stadt. Hier erhofften sie sich bessere Chancen auf Arbeit. Nicht ohne Grund lebt noch heute über die Hälfte der Gesamtbevölkerung des Landes in Buenos Aires und Umgebung.

Damian arbeitete ab und zu als Taxifahrer für Nachbarn

und Freunde. Noch gestern hatte ich ihn vom Balkon aus in seinem dunkelblauen Renault, Baujahr '79, mit fünf Leuten und einem oben auf dem Dach befestigtem Sofa wegfahren sehen. „Ich bin gespannt, ob du mit dieser Ladung jemals ankommen wirst", hatte ich ihm lachend hinterhergerufen, bevor das Auto langsam um die Ecke Richtung Avenida Santa Fe abbog. Tatsächlich hatte Damian schon alles gemacht, was man sich an Jobs vorstellen kann, und das auch noch in allen möglichen Ländern. Blumenverkäufer in Argentinien, Friseur in Kanada, Krankenpfleger in Deutschland, Barkeeper in Spanien, Hut-Designer in Indien und Babysitter in Australien – das ist nur eine kleine Auswahl der Tätigkeiten, die er in sechsundvierzig Lebensjahren ausgeübt hatte. Er war ein Lebenskünstler, ein waschechter Argentinier eben.

Ich setzte mich im Bett auf. Vor mir stand mein Deutschland! Eckig und reduziert auf einen Kubikmeter. Behutsam öffnete ich den größeren der beiden Koffer. Es kam mir vor, als klappte ich das Gepäck eines Fremden auf. Sogar der Geruch der Heimat, der mir in die Nase stieg, schien aus einer anderen Welt zu sein. Stück für Stück packte ich den Inhalt aus und stellte fest, dass er in meiner jetzigen Welt seinen eigentlichen Sinn verloren hatte. Denn zum Vorschein kamen sehr düstere, wollene Winterklamotten. All diese modischen Gegenstände passten nicht in diese chaotische Sommerwelt voller Farben. Deutschland kam mir plötzlich unendlich weit weg vor. So weit weg, dass mich ein Anflug von Heimweh befiel. Unwillkürlich musste ich an meine gemütliche kleine Wohnung in Köln, an meine Familie und an meine Freundin Sarah denken, mit der ich stundenlang im Café Orlando sitzen konnte, um eines unserer beflügelnden Gespräche zu führen.

Wo bist du eigentlich? fragte mich eine innere Stimme. *Halb hier, halb dort und nirgendwo ganz. Wird das so bleiben,*

Lisa? Oder wirst du dich an Argentinien gewöhnen? Wenn ich erst meine eigenen vier Wände habe und einen argentinischen Alltag, dann werde ich mich schon beruhigen, antwortete mein Eigensinn.

Genug mit dem Gepäck. Ich beschloss, Damian am nächsten Tag in Caballito zu besuchen. Das verwunschene Haus der Familie Fernández war mein Ort der Geborgenheit.

Vom Hostel aus nahm ich tags darauf den blau-weißen Bus Nummer 110 bis zur Avenida San Martín, den Rest der Strecke ging ich zu Fuß. Als Damian mir mit einem erstaunten Lächeln die Tür öffnete und Pacho freudig bellend an mir hochsprang, war mein Heimweh augenblicklich verflogen. Gut gelaunt machten wir uns an seiner „Solarküche" im Patio zu schaffen, um Kürbis und Zucchini für das Mittagessen zuzubereiten. Heute war ein guter Tag zum Benutzen des ausgefallenen Küchengestells mit seinem Hohlspiegel, der das Licht einer Sonne bündelte, die stark war wie ein Bodybuilder. Solarküchenbauen war Damians neuster Job. Schon standen mehrere sperrige Gestelle aus Aluminium in seinem Innenhof herum und ließen ihn wie eine Ufostation aussehen.

Während ich Gemüse wusch, lief im Hintergrund der Radiosender *Mitre*. Der politischen Diskussion entnahm ich, dass heute, am 10. Dezember, das Land unter der Präsidentin Cristina Fernández de Kirchner den 25. Jahrestag der Demokratie feierte. Der Moderator berichtete mit resoluter Stimme, dass im Jahr 1983 mit dem ersten Präsidenten nach der Militärdiktatur, Raúl Alfonsín, die demokratische Staatsform wieder eingeführt worden sei. Ich begrüßte die Überwindung der Militärdiktatur wie jemand, der ein politisches Buch über Argentinien im 20. Jahrhundert liest und darin den Satz entdeckt, dass es der Staat von innen her schaffte, die despotische Regierungsform zu überwinden. Dank meines Studiums der iberoamerikanischen Geschichte kannte ich einige der vielschichtigen Probleme, mit denen der südamerikanische Kontinent zu kämpfen hatte. Das Gehörte aus dem Radio und mein Wissen waren allerdings rein theoretisch, noch fehlten mir Erlebnisse und Empfindungen, die diese Demokratisierung bestätigten. Ich war noch zu kurz hier, um zu verstehen, dass das Wort Demokratie in Argentinien anscheinend anders definiert wurde, als ich es gelernt hatte. Noch konnte ich nicht wissen, dass die zum großen Teil privat organisierten Medien nicht objektiv berichteten. Noch war mir nicht bewusst, dass das Land von einer verschwindend kleinen Elite gelenkt wurde, dass Korruption immer noch eine der Hauptgegnerin der Demokratie war, dass täglich Kinder an Unterernährung starben, dass die Slums immer noch wie Geschwüre wuchsen und dass bis in die jüngste Vergangenheit eine Amnestie für die hohen Militärbeamten der Diktatur geherrscht hatte, während Tausende von Kindern ihre wahre Herkunft nicht kannten. Je tiefer ich in die Gesellschaft eintauchen sollte und je mehr ich von Schicksalen einzelner Personen erfuhr, desto klarer sollte mir werden, dass meine Freude an der demokratischen Neuerung auf dem Unwissen eines Außenstehenden basierte. Erst mit den Monaten sollte sich die Hülse des Buchwissens mit eigenen Erfahrungen füllen und mit den persönlichen Lebensgeschichten und Schicksalen anderer.

Damian und ich setzten uns in das aufblasbare Planschbecken an der Mauer, um die erdrückende Hitze besser aushalten zu können, während das Gemüse bereits klein geschnitten im Topf auf dem enormen Solarherd in der Sonne garte, und beobachteten winzige Kolibris, die sich am Blütennektar roter Dahlien zu schaffen machten.

Später am Tag, nachdem wir das Solarküchenmahl zu uns genommen hatten, verkroch ich mich in die Hängematte im

Schatten der Palme. Die sinkende Sonne wärmte nun angenehm, und ein weicher Wind kam auf. Damian werkelte wie immer im Haus, während Pacho ihm auf Schritt und Tritt folgte. Sein tauber Vater las wie immer die Tageszeitung, bei der er früher als Drucker gearbeitet hatte. Der geregelte Gang war im Haus eingekehrt. Immer noch spürte ich die Anstrengung des gestrigen Tages und war um neun Uhr abends schon hundemüde. Rasch verabschiedete ich mich von meinen drei Gefährten, Damian, Alfedo und Pacho, verließ das verzauberte Haus und machte mich auf Richtung Palermo.

Vor dem Zubettgehen breitete ich noch einen Stadtplan von Buenos Aires auf dem Fußboden meines Zimmers aus. Die Hoffnung, die unglaublichen Ausmaße der Gigantin – für mich glich Buenos Aires von Anfang an einer extravaganten Frau – in der Zweidimensionalität eines Stadtplans zu erfassen, hielt mich noch eine Weile wach. Die Karte sollte mir noch so lange dienen, bis ich die Dreidimensionalität mit all meinen Sinnen erforscht hatte. Doch das brauchte seine Zeit. So müde, wie ich war, fühlte ich mich im Moment extrem überfordert: Wohnung, Job, Visum, Alltagsleben etc. Eine scheinbar ins Endlose reichende Liste von Angelegenheiten, die organisiert und aufgebaut werden wollten. Wo genau sollte ich anfangen? Zur Beruhigung meiner Nerven murmelte ich immer wieder dasselbe Mantra vor mich hin: *Alles braucht seine Zeit. Hab Geduld. Eins nach dem anderen.*

Am nächsten Tag schaute ich gegen 18 Uhr erneut im verwunschenen Haus in der Straße Espinosa vorbei, um mit Damian einen Schokoladenkuchen zu backen. Abends waren wir bei seiner Tante Beatriz zum Essen eingeladen. Die impulsive Dame, welche sich zur feineren Gesellschaft zählte, war vor Kurzem aus ihrem alten Haus in Caballito in ein modernes Zwei-Zimmer-Apartment ins Nobelviertel Recoleta umgezogen und wollte diesen Umzug mit uns feiern. Auch sehnte sie sich nach dem Umgang mit Ausländern. Allerdings nur mit den *Rechten*! Die „rechten" Ausländer, das waren Deutsche, Engländer und Franzosen. Nicht aber Bolivianer, Peruaner oder Paraguayer.

Während der Kuchen im Ofen gedieh, klingelte es an der Tür. Damians Schwester Soledad war mit ihrem Ehemann vorbeigekommen. Freudig begrüßte mich Diego, ihr lebhafter, immer arbeitender Ehemann, während sich Soledad im Hintergrund hielt. Ich kannte die Frau von früher und wusste, dass sie eine zurückhaltende, eher bedrückt wirkende Person war. Allerdings fiel mir jetzt auf, wie schwächlich und ernst sie im Türrahmen stand. Dunkle, braungraue Ringe zeichneten sich unter ihren mit blauen Kontaktlinsen verdeckten Augen ab. Diego dagegen war das blühende Leben, er hatte wache grüne Augen, leuchtend weiße Haare, und seine Lippen umspielte ein immerzu einladendes Lächeln. Zusammen tranken wir Mate, das argentinische Nationalgetränk. Soledad erzählte von ihren Kindern und Enkelkindern, während Diego alle fünf Minuten ein neues Gespräch mit irgendwelchen Arbeitskollegen per Handy anfing. Das ging so lange, bis Damian aufstand und verkündete, dass wir bald aufbrechen müssten, Tante Beatriz wartete nicht gerne auf ihre Gäste.

Wenig später saßen wir mit einem Glas Sekt in der Hand auf dem neuen Balkon von Beatriz im gehobenen Viertel Recoleta. Wir bestaunten die beeindruckende Aussicht über den Elitefriedhof Recoleta, während uns der Abend mit angenehmer Kühle beschenkte. „Was für ein morbider Zauber! All die dekadenten Gräber der Oberschicht Argentiniens", sagte Damian etwas angewidert zu mir und schlürfte seinen eisgekühlten Sekt. Doch ich überhörte seine Kritik, so gefangen hielt mich der Ausblick. Auf dem Nachbarbalkon entdeckte ich einen weiß angemalten Metallkäfig, aus dem mich ein Plastikvogel, kopfüber hängend, anglotzte. Ich musste laut lachen und zeigte ihn Beatriz, die mich wissend anlächelte und flüsterte: „So ist das, wenn man älter wird, Schätzchen, da hängt man nur noch kopfüber und ist umringt von schrägen Vögeln."

Während meiner ganzen Zeit in der Stadt begegnete mir keine skurrilere Person als diese alte Lady. Wenn Beatriz mit ihrer starren Lockenwicklerhaarsprayfrisur aus den Achtzigern in ihrem Apartment aus den Siebzigern mit ihren krankhaft aufgeschwemmten Armen saß und heiter Geschichten aus ihrem Leben erzählte, klebte ich regelrecht an ihren knallroten, immer geschürzten Lippen, um kein einziges ihrer Worte zu verpassen. Beatriz war der Garant dafür, dass über alle Maßen gegessen, getrunken und gelacht wurde. Mit ihren achtzig Jahren bildete sie ein absolutes Powerpaket. Schon war es wieder so weit. Sie setzte eine gewichtige Miene auf, um eine ihrer abenteuerlichen Geschichten preiszugeben. „Der Geburtstag meiner Tochter 1968 war ein schwerer Tag für mich", begann sie zu erzählen. Warum? Weil Beatriz nach der Feier 28 übrig gebliebene Chorizo-Würstchen (Fettgehalt mindestens 98 Prozent), neben dem Kühlschrank sitzend, verzehrte. Drei Stunden später musste sie mitten in der Nacht wegen einer Gallenkolik ins Krankenhaus eingeliefert und sofort notoperiert werden. Ihr von schrillen Makeup-Farben glänzendes Gesicht strahlte, als sie die Anekdote mit den Worten beendete: „Natürlich erzählte ich dem Arzt nichts von den 28 Chorizos!" Und sie vergaß auch nicht, uns mit funkelnden Augen von dem galanten Chefarzt, der sie „hervorragend versorgt" hatte, zu berichten.

Auch über die Anekdote mit ihrer Perücke samt Lockenwickler, die sie zum Trocknen in den Ofen gelegt und dort vergessen hatte, sodass beinah das gesamte Haus abgefackelt wurde, mussten wir herzhaft lachen. Und von einem ihrer zahlreichen Verehrer erzählte sie auch noch. Dieser Mann hätte sich für sein Alter sehr gut gehalten, da er in einem Kühlfach zu schlafen pflegte. „Aber ansonsten hatte Lorenzo nicht viel drauf", beendete sie den Abend.

Das Wetter im Dezember ist unbeschreiblich. Eben noch strahlend der Himmel, dann plötzlich, eine halbe Stunde später, alles grau, eine drückende Atmosphäre, von Weitem Donnerhall. Aus allen Etagen, Ecken, Nischen der Metropole tropft es, weil die Klimaanlagen auf Hochtouren laufen. Sogar ich als Klimaanlagen-Gegnerin warf an diesen unerträglichen, nass-bleiernen Hitzetagen das Handtuch. Die Luft fühlte sich an wie in einem tropischen Dschungel, die Luftfeuchtigkeit lag bei neunzig Prozent. Leider bestand der Stadt-Dschungel nicht aus reiner, grüner Vegetation, sondern aus einer gigantischen, Hitze speichernden Betonmasse. Aufgrund der Hitze sind auch von Mitte Dezember bis Anfang März Sommerferien. Die meisten Porteños machen jetzt Urlaub. Die Einzigen, die derzeit in Buenos Aires Hochsaison haben, sind die Touristen.

„Lisa, aufstehen, heute ist Silvester. Wir müssen noch viel vorbereiten!", hörte ich Anna fröhlich durch die Scheibe rufen. „Komme gleich!", rief ich aus meinem Zimmer. Ich mochte Annas helle, liebevolle Stimme, die charakteristisch für ihr heiteres Wesen war. Rasch sprang ich voller Vorfreude in meine Kleider. Immerhin stand Silvester bevor. Zusammen frühstückten wir in der hellen Küche und erstellten die Einkaufsliste für die geplante Silvesterparty im Casa Jardín.

Januar

Das Bidet oder die Suche nach dem Örtchen

„Rosa Unterhosen?" Ich musste lachen, als Anna mich beim Frühstück schräg anguckte und mich verwundert nach der Farbe der Unterwäsche fragte. Es fiel ihr schwer zu glauben, dass auf einer argentinischen Silvesterparty rosa Unterhosen für die weiblichen Teilnehmer nicht fehlen durften, schließlich bringen sie Glück für das kommende Jahr, besagt die Tradition.

Anfangs hatte ich meine Befürchtungen. Womöglich könnte Silvester ein Babylon werden, eine große Sprachverwirrung. Aber als ich das Zehnländer-Buffet entlang der Wand des weiträumigen Wohnzimmers entdeckte, wusste ich sofort, dass sich die Gäste aus den verschiedensten Winkeln der Welt prächtig verstehen würden. Jeder hatte eine Spezialität seines Landes vorbereitet, sodass von indischem Dal bis hin zu griechischem Salat alles zum Verkosten einlud. Bis zum Morgengrauen wurde wild getanzt und gelacht. Freundschaften wurden geschlossen, euphorische Reden geschwungen und Lebensgeschichten offenbart, während der warme Sommerwind des Río de la Plata das Großstadtflair durch die weit geöffneten Balkontüren hereinwehte und uns alle verzauberte. Jeder von uns spürte die Gunst des Abends, denn zu jener Stunde in Buenos Aires ein neues Jahr zu beginnen, mit Menschen so unterschiedlicher Vita und Herkunft, das war etwas ganz Besonderes.

Das neue Jahr konnte nur gut werden, so überschwänglich, wie es begonnen hatte, ging es mir durch den Kopf, als ich um sieben Uhr in der Früh glücklich ins Bett fiel.

Am späten Nachmittag des ersten Januar wurde es im alten Haus langsam geschäftig. Auch ich kam aus meiner Travellerklause gekrochen, machte mir zum Frühstück ein Stück Pizza warm und setzte mich zu Andrew an die Rezeption. Der lebhafte Engländer mit den schwarzen Strubbellocken und den kleinen blauen Augen, der meistens an der Rezeption arbeitete, war immer zu einem Gespräch über Buenos Aires aufgelegt. An diesem ersten Morgen des neuen Jahres wollte ich mehr über den Wohnungsmarkt der Stadt erfahren. Dafür war Andrew der richtige Ansprechpartner.

„Oh man, bis du hier 'ne Wohnung findest, das dauert mindestens vier bis fünf Monate. Und vergiss bloß die Idee, dass Buenos Aires billig ist", erzählte er mir, während seine Hände heftig durch die Luft wirbelten. Vier bis fünf Monate! Will der mich auf den Arm nehmen? Es ist zwar toll, in einem Hostel zu leben, wo man Leute aus aller Welt kennenlernen kann. Trotzdem war das Casa Jardín für mich von Anfang an Teil einer Einlebphase und sollte nicht zu einem Dauerzustand werden. Schüchtern keimte inzwischen der Wunsch, mein argentinisches Leben zu beginnen und alles Touristische hinter mir zu lassen.

An Andrews Bemerkung, dass die Stadt nicht billig sei, sollte ich mich bald wieder erinnern.

Als ich etwas nervös an der Glastür des Maklerbüros, das mir Andrew empfohlen hatte, auf der Straße Thames klingelte, machte mir eine freundlich lächelnde Frau mittleren Alters auf und bat mich herein. „Hallo, ich bin Silvia, womit kann ich dir behilflich sein?", fragte sie sanft lächelnd, sodass sie langsam mein Vertrauen gewann. Während sie sich eine Zigarette anzündete, erzählte ich, ich hätte vor, ein Jahr zu bleiben, und suchte deswegen eine kleine Wohnung in Palermo zur Miete. „¡Perfecto!", rief Silvia entzückt und machte mir ein Kompliment für mein Spanisch, auf das ich mir nicht viel einbildete. Zugegeben, es ist nicht schlecht, aber ich wusste auch, dass Porteños mit Komplimenten nicht geizen. „*Querida*, Liebste, wenn du willst, können wir uns direkt ein Apartment in der Nähe angucken."

Kurz darauf standen wir im Aufzug in einem der hohen Apartmenthäuser von Palermo. Im achten Stock angekommen, entriegelte Silvia mehrere Schlösser an einer Holztür. Wir traten in eine eintönig braune Einzimmerwohnung, die sehr dunkel war und muffig roch. Der in besseren Zeiten vermutlich blaue Teppich hatte sich dem vorherrschenden Braun der Wohnung über die Jahre auf wundersame Weise angepasst. Als ich aus dem einzigen Fenster schaute, erschrak ich. Der Blick reichte bis zu einer einen Meter entfernten grauen Betonwand.

„Wie du siehst, ist diese Wohnung nach hinten gelegen. Deshalb kostet sie nur 600 Dollar pro Monat", erklärte mir Silvia. Ihr konnte mein entsetzter Gesichtsausdruck nicht entgangen sein. Unwillkürlich musste ich an Andrew denken. Überstürzt verabschiedete ich mich von Silvia und dankte ihr für ihr Bemühen. Unter einer Wohnung in Buenos Aires hatte ich mir eine andere Art von Behausung vorgestellt als solch eine miefige Bude.

Am Abend suchte ich Ablenkung, und so kostete es Anna, dem kleinen Belgier Simon und Paula aus Köln nicht viel an Überredungskunst, mich zur Plaza Cortázar, auch genannt Plaza Serrano, im Herzen von Palermo Soho mitzuschleppen. Euphorisch erzählte mir Simon, dass später noch eine Privatparty bei einem Argentinier stattfinden würde. Paula war erst vorgestern aus dem kleinen brasilianischen Strandort Pipa angekommen, wo sie drei Monate verbracht hatte. Ein Job bei einer holländischen TV-Produktionsfirma hatte sie nach Buenos Aires verschlagen. Paula und ich verstanden uns sofort blendend. Ihr Humor und ihr fröhliches Gemüt brachten mich ständig zum Lachen. Auch half die Tatsache, dass wir beide über zwanzig Jahre in Köln gelebt hatten.

An Palermo gehe kein Weg vorbei, wolle man Buenos Aires bei Nacht kennenlernen, erklärte mir Simon, als wir auf die Plaza traten, wo es nur so von Menschen wimmelte. Halb Buenos Aires schien sich hier in der Wärme der sternklaren Nacht versammelt zu haben. Rund um den Platz waren bunte Bars aufgereiht. Stühle und Tische standen weitläufig auf den Gehwegen. Livemusik und lautes Lachen stiegen aus allen Ecken in die warme Luft. Jeder war aus der Enge der vier Wände geflohen, um der Sommerhitze zu entkommen. Kinder spielten bis weit nach Mitternacht noch auf dem Spielplatz in der Mitte des Rondells, während Taxifahrer in Schlangen von schwarz-gelben Autos neue Menschen vor den Bars ablieferten. Auf der Straße, die um die Platzmitte führte, spazierte ein Clown auf Stelzen und verteilte Flyer für nahe gelegene Clubs, die später aufmachen würden. Ich war begeistert. Augenblicklich hatte ich meine Sorgen um die Wohnungssuche vergessen und erinnerte mich an die altbekannte Sehnsucht nach Abenteuer und an meine Vorliebe für das Unbekannte.

Wie wir mehrere Runden um die Plaza drehten, um einen Sitzplatz zu ergattern, hörte ich von überall her Männerstimmen, die Paula, Anna und mich abwechselnd laut mit Komplimenten lockten. „¡Muñeca! Puppe!", „¡Rubia! Blonde!" oder „¡Que bombón! Was für eine Praline!"

Später sollte mich Martha, eine Friseurin aus Recoleta, darüber aufklären, dass diese Macho-Art, Frauen öffentlich zu würdigen, piropo genannt wird. Auch erklärte sie mir mit ernster Miene, dass wir Frauen diese Gesten der Männer würdigen müssten und, falls die piropos ausblieben, vor Enttäuschung zu weinen hätten. Aber mal ehrlich, Puppe, Blondy oder Praline, lauteten so etwa Begriffe, die angemessen waren, um sie Frauen auf der Straße lauthals nachzurufen? Verhielte sich ein US-amerikanischer Mann wie ein Porteño, würde ihm fristlos gekündigt. Grund des Rausschmisses: sexuelle Belästigung.

Kein Wunder, dass Porteñas bei so viel Aufmerksamkeit und Bestätigung seitens des männlichen Geschlechts nur so vor Selbstbewusstsein strotzen. Ich war beeindruckt. Allerdings sollte ich schnell lernen, dass schmeichelnde Worte in Buenos Aires leichter in den Mund genommen werden als ein frischer Kaugummi.

„Kommt schnell, da hinten ist ein Tisch frei geworden!", rief Paula, die braun gebrannt und in einem lindgrünen Sommerkleid super aussah. Wir setzten uns an den frei gewordenen Tisch und Simon bestellte eine Literflasche *Quilmes*-Bier. Ruckzuck kamen wir mit den Argentiniern am Nebentisch ins Gespräch und wurden von ihnen später am Abend zu einer Privatparty in der Nähe eingeladen. Wir vergaßen die andere Party, zu der Simon eigentlich eingeladen war, und ließen uns von der neuen Bekanntschaft mitnehmen. Intuitiv hatten wir uns bereits den Gepflogenheiten der Stadt angepasst, ging doch kein Porteño aus dem Haus, ohne nicht mindestens drei Verabredungen am Abend abgemacht zu haben. Denn er wusste ganz genau, dass mindestens zwei davon nicht zustande kamen oder verschoben wurden.

Auf der Party traf ich Mariela. Eine kleine, aber vom Auftreten her sehr bestimmte Person. Sie fragte mich, woher ich käme und warum ich hier sei, während sie ab und zu an einem dunklen Getränk nippte. Im Hintergrund lief Reggae. Durch die Tür nach nebenan sah ich Anna mit einem Argentinier schäkern, dessen schwarze Lockenpracht toll zu ihrem

Blondschopf passte. Paula und Simon tanzten durch den Raum an mir vorbei, während ich mit Mariela plauderte. Durch den schweren Dunst – neben erlaubten Zigaretten qualmten die Leute auch verbotene Joints – betrachtete ich sie genauer. Ihre Stupsnase, der Kurzhaarschnitt und das knallbunte T-Shirt verliehen ihr etwas Kindliches, was ihrem Selbstbewusstsein in keiner Weise zu schaden schien. Die schmal geschnittenen, asiatisch anmutenden Augen und ihre dunkle Hautfarbe deuteten auf indigene Vorfahren hin. Wahrscheinlich stammte ihre Familie ursprünglich aus Jujuy im Norden von Argentinien.

„Was trinkst du da?", fragte ich sie, woraufhin Mariela mir aufmunternd ihr Glas hinhielt. Ich probierte ein wenig und vor lauter Bitterkeit schüttelte es mich. „Was ist das denn für ein Getränk?" „Fernet-Coca", antwortete sie so selbstverständlich, als redete sie über ihr grünes T-Shirt mit den gelben Herzen drauf. Die bittere Geschmacksrichtung hatte ich schon mal irgendwo, vor Jahren, mit Damian auf einer unserer Argentinienreisen erlebt. Damals hatte ich das Getränk allerdings als süßer empfunden.

„Auf die Mischung kommt es an", erklärte mir Mariela mit konspirativem Gesichtsausdruck. „Dieser hier ist schlecht gemischt, viel zu stark. Du musst bis vier zählen, während du den Fernet in die abgeschnittene Colaflasche kippst, den Rest mit Cola auffüllen, das ist das Geheimrezept." Bald sollte ich mitbekommen, dass jeder Argentinier sein eigenes „Geheimrezept" für die Zubereitung des Nationalgetränks Fernet-Coca besaß.

Mariela sollte in den nächsten Monaten zu einer Freundin werden. Zu allen Fragen über Argentinien, Buenos Aires und *wie die Dinge hier laufen* hielt sie nützliche Antworten bereit, und sie war äußerst hilfsbreit. Unsere Freundschaft sollte allerdings keine einfache werden, auch wenn wir viel miteinander lachten. Mariela mit ihrem Dickkopf und der Neigung zu widersprechen und ich mit meinem Dickschädel und der Neigung zu provozieren, wir waren wie zankende Schwestern. Es gefiel mir, wie wir uns über die verschiedensten Themen in die Haare bekamen. Kurzum, zwischen uns verlief keine Diskussion dröge.

Spät in jener Partynacht, als es schon dämmerte und der Himmel sich bereits rot färbte, trafen Anna, Paula, Simon und ich ziemlich angeheitert wieder im Casa Jardín ein.

Erst gegen Mittag wachte ich völlig verschwitzt vom Krach auf dem Balkon auf. Es war ein Uhr vorbei und heiß wie in der Wüste. Nachdem ich mir einen starken Kaffee gemacht hatte und im Aufenthaltsraum auf dem großen Sofa saß, kamen auch Anna und Paula schweren Schritts aus ihren Dorms getapst. „Ich hab heute Lust auf shoppen. Kommt, wir gucken uns die Klamottenläden von Palermo Soho an!", trällerte Paula erstaunlich fit in Anbetracht der gestrigen Nacht. Sofort antwortete mein Gewissen: *Kommt gar nicht infrage, Lisa hat eine ganz andere Mission als Klamotten kaufen! Vielmehr sollte sie sich wieder auf die Suche nach einer Wohnung begeben.*

Mein Shopping-/Wohnungssuche-Dilemma löste sich schnell in Luft auf, denn mein Handy klingelte plötzlich. Es war Damian, der mir von einem Bekannten erzählte, dessen Eltern eine Wohnung im Zentrum, in der Zona Norte, zu vermieten hätten. „Wenn du Zeit hast, könnten wir uns in einer Stunde an der Ecke Paraguay und Riobamba treffen. Ich habe übrigens auch Neuigkeiten wegen des Visums." „Alles klar, um 15 Uhr bin ich dort." Ich sprang unter die kalte Dusche, spülte Hitze und alkoholreiche Partynacht von Leib und Gemüt, entließ meine Freundinnen etwas wehmütig ins Shoppingparadies Palermo Soho und machte mich auf in Richtung Zentrum. Als ich am besagten Treffpunkt ankam, spazierte Damian eben mit den Eltern seines Bekannten um die Ecke. Wir begrüßten uns alle herzlich und machten uns auf den Weg zum nahe gelegenen Hochhaus, in dem sich die Wohnung befand. Dieses Mal erwartete mich eine Art Schuhkarton, der zwar sauber, allerdings so klein war, dass ich mich gerade mal mit ausgebreiteten Armen um die eigene Achse drehen konnte. Auch fehlten, obwohl Damians Bekannte dies versichert hatten, sämtliche Einrichtungsgegenstände. Das Einzige, was ich ausmachen konnte, war ein Minitisch ohne Stühle. „Die Wohnung kostet 700 Dollar im Monat", kommentierte die blondierte Frau mit einem Blick, der mir mehr als gierig vorkam. 700 Dollar monatlich? Der Preis war wohl ein Witz. Zum Wohlfühlen fehlte auf diesen 15 Quadratmetern einfach alles, auch das Telefon. Ich verspürte große Lust, dieses mickrige Fleckchen umgehend zu verlassen, aber meine Höflichkeit ließ mich noch eine Weile an Damians Seite ausharren. Als wir uns von den Vermietern verabschiedet hatten und im Café an der Ecke saßen, rief ich gleich eine Maklerin an, der ich wegen einer Wohnung in Belgrano vor drei Tagen gemailt hatte. „Ja, ja sehr gut, wir treffen uns morgen um 13 Uhr in meinem Büro in Belgrano", sagte eine bestimmte Frauenstimme durchs Telefon, bevor sie auflegte. „Okay, das geht klar, die Wohnung in Belgrano ist noch zu haben. Morgen treffe ich mich mit Susana, der Immobilienmaklerin. Sehr gut! Sag mal, was hast du eigentlich für spannende Neuigkeiten wegen des Visums?" „Ach ja, also pass auf, heute Morgen rief mich mein Schwager Diego an. Soledad hatte ihm erzählt, dass du für das Einjahresvisum einen Arbeitsvertrag mit einer Firma brauchst. Er sagte mir, dass du ihn deswegen anrufen sollst, da er in seiner Firma neue Leute einstellen will. Vielleicht könnt ihr so das Visumproblem beheben." Ich war baff. Was für großartige Neuigkeiten! „Und das erzählst du mir erst jetzt? Ist ja fantastisch!" Erleichtert verabschiedete ich mich wenig später von Damian und nahm den blau-roten Bus Nummer 29, der mich vom Zentrum zurück nach Palermo brachte.

Ausgeruht ging ich am kommenden Tag erneut auf Wohnungsjagd. Um den Berufsverkehr zu meiden, nahm ich die U-Bahn, obwohl es im Untergrund noch heißer als auf dem Asphalt war. Auf der grünen Metrolinie D, die ich vom Plaza Italia genommen hatte, war viel los. Fünfzehn Minuten dauert die lärmende Fahrt zwischen vielen stehenden Menschen und fliegenden Verkäufern bist zur Station Juramento. Als ich die Straße O'Higgins entlangschlenderte, sah ich schon bald das Immobilienbüro. Ich trat durch die Glastür, wo Susana, eine Frau im Business-Kostüm, hinter einem Schreibtisch saß. Wir begrüßten uns höflich und gingen gleich los. Nicht weit, nur um die nächste Ecke, wo ein modernes Hochhaus stand, das aussah, als ob es erst gestern fertig geworden sei. Plaudernd fuhren wir im verspiegelten Lift in den zwanzigsten Stock hinauf. Oben angekommen, erzählte mir Susana, dass es sich hier um einen Erstbezug handelte. Kaum waren wir durch die Wohnungstür getreten, umflutete uns Licht, das durch eine verglaste Front hereinstrahlte. Der Balkon des hellen Raumes zeigte nach Norden, man konnte bis rüber nach Nuñez sehen. Schon sah ich das Apartment nach meinem Geschmack eingerichtet: mit vielen Pflanzen, einem großen Holztisch, Fotos an den Wänden und bunten Kerzen.

Als wir ins kleine, aber luxuriöse Bad traten, wurde die Maklerin unruhig. Ja, sie entschuldigte sich sogar dafür, dass die Bäder im ganzen Gebäude kein Bidet besaßen, da der Raum für die Nasszelle vom Architekten sehr knapp bemessen worden sei. Ich erzählte ihr achselzuckend, dass in meiner Heimat schon seit Ewigkeiten oder vielleicht sogar noch nie Bidets benutzt würden. Susana schaute mich regelrecht angeekelt an. „Nicht so hier. In Buenos Aires ist es sehr schwer, eine Wohnung an eine Frau zu vermieten, wenn sie kein Bidet besitzt." Für einen ewig langen Augenblick schauten sich zwei Frauen verschiedener Kulturen aus nächster Nähe befremdet in die Augen. Susana fand als Erste, mit einem etwas schrillen Lachen, in die pragmatische Normalität zurück: „Andere Kulturen, andere Sitten, nicht wahr?" Auch ich musste über unsere skurrile Toilettenbegegnung schmunzeln und hatte wieder etwas gelernt, diesmal über die argentinische Hygiene-Kultur.

„Komm, ich zeig dir den Pool auf dem Dach", plauderte sie schon weiter und schob mich zur Tür hinaus. Das Quietschblau des Pools stand in einem grotesken Gegensatz zu den tief hängenden, grauen Wolken. Ich musste mich kneifen. War es Wirklichkeit: Ich, auf dem Dach eines argentinischen Wolkenkratzers, mitten in Buenos Aires, bei 38 Grad Celsius und einer Luft, die mich in einem fort schwitzen ließ. Noch vor einem Monat war ich vor Kälte schnatternd auf meinem schwarzen Hollandrad durch die niedlichen Straßen von Köln gefahren. Susanas geschäftsmäßige Bemerkung holte mich auf den Boden der Tatsachen zurück. „Das Apartment kostet 1200 Dollar pro Monat. Du musst allerdings, da du Ausländerin bist, alle Monate im Voraus bezahlen. Das bedeutet bei einer Mietzeit von sechs Monaten 7200 Dollar vor Einzug." Wie bitte? Ich guckte sie ungläubig an. Würde sie wohl jemanden finden, der sich auf solch einen einseitigen Deal einließe? Überstürzt verabschiedete ich mich, ohne weiteres Interesse an der Luxusbude zu zeigen.

Kurz darauf betrat ich ein solides, älteres Gebäude, dessen Eingangsbereich einer ausladenden Tanzfläche glich, weil er an der Stirnwand mit einem gewaltigen Wandspiegel geschmückt war. War ich gerade noch in einer schrillen Oberwelt, so fand ich mich jetzt in einer Art Unterwelt wieder.

Jemand schien das grelle Tageslicht in der Halle gedämpft zu haben. Und schon vernahm ich aus einer Ecke des majestätischen Entrees anmutige Tangomusik. In der Ruhe des Raums holte mich die Erinnerung ein. Nachdem ich die bidetlose Pool-Wohnung besichtigt hatte, war ich nur wenige Blocks bis zum Hostel Luna Llena spaziert, wo Anna Tangounterricht nahm. Bereits in der Tür zum großen Aufenthaltsraum sah ich Anna, wie sie entrückt mit einem attraktiven älteren Mann tanzte. Dies musste Raúl, ihr Tangolehrer, sein, denn sie hatte mir von einem Herrn mit Zopf und graumeliertem Haar erzählt und dass dieser im Luna Llena arbeite, das eines der vielen Tango-Hostels in der Stadt war. Hier wurde zur touristischen Hochsaison mehrmals die Woche Einzel- und Gruppenunterricht abgehalten.

Anna und Raúl glitten mit konzentriertem Gesicht und eng aneinandergeschmiegten Körpern über das Eichenparkett. Meine Freundin hatte mir schon öfter von Raúls Strenge und seiner anspruchsvollen, manchmal auch schwierigen Wesensart erzählt. Trotzdem schätzte sie seinen Tangounterricht, da er Schrittfolgen und Posituren präzise erklären konnte. Erstaunt beobachtete ich jetzt, wie Anna eine elegante Drehung aus der Hüfte heraus machte. Diese Figur hieß *ocho*, wie ich später lernen sollte.

Während ich den beiden zuschaute, kamen mir Annas Worte in den Sinn: *Mein Tangolehrer ist ein typischer intellektueller Porteño: Von seiner Art her leidet er unter Depression und Schlaflosigkeit, wegen eines Kindheitstraumas befindet er sich in Therapie, er ist irgendwie Künstler, aber eigentlich Ingenieur, und zu Europa pflegt er eine Hassliebe.*

Als die beiden auf mich zutraten, wurde mir klar, dass ich eine geraume Zeit tagträumend auf dem roten Samtsofa gesessen hatte. „*¿Hola, cómo andás? Yo soy Raúl. Encantado*", stellte sich Raúl freundlich lächelnd vor und fragte mich neugierig, woher ich käme, was ich hier machte und ob Argentinien mir gefalle. Ich freute mich über sein Interesse und erzählte von meinen letzten Wochen in seiner Stadt, die mir durchaus gefiel. Ehrlicherweise erwähnte ich auch meine erfolglose Wohnungsodyssee. Bei dem Thema Wohnungssuche blitzte es kurz in Raúls grünmelierten Augen auf und er sagte: „Ich besitze ein Zwei-Zimmer-Apartment in Palermo, das ich monatsweise vermiete. Wenn du willst, kannst du es dir unverbindlich angucken."

Ich konnte es nicht fassen, was hatte er da grade im Plauderton gesagt? Noch niedergeschlagen von der mühseligen Suche, bot mir wie aus heiterem Himmel dieser Herr eine Wohnung zur Miete an! „Ja, sehr gerne würde ich mir die Wohnung anschauen. Wann würde es dir passen?", entgegnete ich. „Nun ja, am besten gleich."

Wenig später standen wir in einem Jahrhundertwende-Lift mit Gittertür und fuhren in die oberste Etage eines dreistöckigen Gebäudes. Im weiß getünchten Hausflur waren die Fensterflügel aufgeklappt, und ein gigantischer Bananenbaum winkte mit seinen saftig-grünen Blattwedeln bis zu unserer Etage herauf. Die beiden Zimmer mit dem weiß gekachelten Bad samt Bidet passten perfekt zu meinem Wunschbild. Auch die bunte Möblierung und das große Bett. Abgesehen von einem altersschwachen Toaster, der oft nur mit Schlägen funktionierte, war das Apartment eine Insel zum Wohlfühlen. Meine Insel, still und hell, besaß eine Fensterfront und einen Minibalkon, die nicht von anderen Häuserblocks bedrängt wurden.

„Leute! Ich habe eine Wohnung gefunden! Das muss gefeiert werden! Am Sonntagabend kann ich schon einziehen", erzählte ich abends Paula, Anna und Simon im Hostel, während ich eine Flasche Chandon-Sekt in der Hand schwenkte. „Juhu, gratuliere! Das trifft sich gut, heute Abend gehen wir in den Niceto Club, um Anna tanzend zu verabschieden, dann feiern wir die frohe Botschaft der neuen Wohnung direkt mit", sagte Simon, woraufhin alle einvernehmlich nickten und der Korken knallte.

Noch hatte ich keine Ahnung, wie der Niceto Club sein würde, als sich unser Grüppchen um Mitternacht in Richtung Palermo Hollywood aufmachte. Selbst unter dem pechschwarzen, sonnenlosen Himmel war es schwül-heiß. Anna gab sich wehmütig, vermutlich, weil sie bereits am nächsten Abend nach fast drei Monaten Tangoleben in die Schweiz zurückfliegen musste. Wie ich mit ihr untergehakt lief, spürte ich, dass mir ihre leichte und beschwingende Gegenwart bald fehlen würde.

Meine kleine Mariela hatte ich per SMS benachrichtigt. Sie würden wir in der Bar Sonoman nahe dem Club treffen. Ich kannte das Sonoman schon. Erst vor zwei Wochen war ich mit Anna hier gewesen. Damals kamen wir nicht ins Gespräch. Nicht wegen der lauten Musik, sondern wegen der vielen Kerle, die uns anquatschten. Überall, ob auf einer Behörde, auf dem Gehsteig, in Bars und Restaurants, im Bus oder in der U-Bahn, konnten die Herren der Schöpfung ihr Glück bei den Frauen versuchen. Obwohl sie sich nichts anmerken ließen, schienen sich die Frauen hingegen in dieser Rolle zu gefallen. Auf jeden Fall erlebte ich nie eine Frau, die auf einen attraktiven Mann zuging. Im Gegenteil: Für Frauen galt es, Männer zu ignorieren, die kalte Schulter zu zeigen – zumindest nach außen hin. Auch heute Nacht konnte man wieder mal das eingeübte Rollenspiel im Schummerlicht des Patios beobachten. Während ich als Ausländerin gelernt hatte, freundlich zu lächeln, um nicht als arrogant abgetan zu werden, praktizierten Porteñas an den Tischen, auf der Tanzfläche und an der Bar eine perfektionierte Ausstrahlung der Unerreichbarkeit. *Prinzessin-im-Elfenbeinturm-*

Eroberungsspiel tauften Anna und ich im Sonoman dieses Ritual. Beide Geschlechter beherrschten die Spielregeln des Eroberungskults perfekt. Der stolze Ritter musste durch *chamuyo*, ein Schönreden um jeden Preis, die hochmütige Schöne aus ihrem Elfenbeinturm befreien und mit Galanterie erobern.

Viel später in der Nacht tanzten wir wild zu House-Rhythmen im Niceto Club und waren schnell bis auf die Haut nass geschwitzt. Die Tanzfläche quoll über vor Menschen, die sich wie in Trance umeinander bewegten. Bunte Strahler zuckten über unsere Köpfe hinweg durch den Raum. Auf der Bühne alberten dicke Männer, die Zopfperücken und Röcke trugen und aussahen wie indigene, bolivianische Frauen, *cholitas* genannt, herum. Zur Gaudi aller tauchte ein gelbes Schaumgummi-Lama auf, tanzte von hinten an eine dieser verkleideten *cholitas* heran, um sich lüstern an ihr zu reiben. Um die seitlich platzierten Säulen der Bühne wanden und räkelten sich halb nackte Transvestiten lasziv im Tabledance-Stil. In was für eine absurde Show war ich da hineingeraten? Aber als ich mich dem Rhythmus hingab, verspürte ich bald den aufregenden Geschmack der Freiheit in mir. Mein Körper folgte wie von selbst der pochenden Musik und begann zu vibrieren, während sich in mir ein unbändiges Glücksgefühl entfaltete: Ich hatte es geschafft, in Buenos Aires! Ich hatte eine tolle Wohnung gefunden und genoss mein Leben in vollen Zügen. Genau so, wie ich es mir erträumt hatte.

Endlich war der Sonntag gekommen, der Tag meines Einzugs. Doch bevor ich meine wenigen Habseligkeiten verpackte und die erste Monatsmiete plus eine einmalige Kaution bezahlte, wollte ich mich noch nach nettem Krempel für die neue Wohnung umschauen. Paula und ich fuhren mit dem

Bus 152 nach San Telmo zur Feria, zum sonntäglichen Markt, der sich über die zwei Kilometer lange Straße Defensa hin zur Plaza Dorrego, dem Herzen von San Telmo, zog. Dieser Straßenmarkt ist in den Sommermonaten ein einziges buntes, wunderbares Chaos. Das Viertel San Telmo, eins der ältesten der Stadt, formt mit seinen gepflasterten Gassen und alten, stuckverzierten Prachthäusern die perfekte Kulisse für einen Antikmarkt, auf dem sich auch Kunst und Künstler aller Schattierungen treffen – sogar Artisten des Taschendiebstahls. Natürlich auch Gaukler, kolumbianische Kaffee- und argentinische Mateverkäufer, Trommelprozessionen namens Murga und artistische Tangopaare, von denen nicht selten eines die fast perfekte Imitation der singenden Tangolegende Carlos Gardel darstellt.

Als ich Monate später wieder einmal in San Telmo vorbeischaute, enttäuschten mich die vielen neuen kommerziellen Stände, wo allerorts Tischdecken und Nippes *made in China* verkauft wurde. An diesem Sonntag aber war ich einzig und allein fasziniert von der Lebendigkeit, der sich durch die Straße schiebenden Menge, in deren Mitte Menschen fröhlich sangen, lachten und tanzten. Und ich tanzte mit Paula, umringt von der geballten Menge, bis die Sonne hinter den Dächern versank. Die Zeit für meinen Umzug war gekommen.

Keine drei Stunden später saß ich inmitten meiner neuen Bleibe mit dem Code 3G. Was nichts anderes hieß als dritter Stock, Apartment G. Bei geöffnetem Fenster hörte man das Rauschen der Straße. Die Grillen draußen zirpten, als wollten sie den Lärm der rollenden Blechlawine übertönen. Durch die Wand, die an 3H grenzte, vernahm ich die unverkennbare Arienstimme von Maria Callas und eine andere Stimme, die aufgeregt telefonierte. Wie ich bald erfahren sollte, wohnte hinter der Wand, die aus Pappkarton gezimmert schien, ein sympathischer Maler, der immer sonntags mit Mama telefonierte.

Bilder und Fotos, die ich aus Deutschland mitgebracht hatte, hingen schon bald an den hellgrau gestrichenen Wänden. Bunte Decken und Kissen lachten mich an. Jeden Tag ein bisschen mehr, verwandelte sich der fremd möblierte Ort in mein ganz persönliches Ambiente.

Das Betongebäude besaß ein Flachdach, dessen gesamte, nicht isolierte Fläche tagsüber in der prallen Sonne lag, und meine Wohnung lag genau darunter. Trotz ihres Heißluft-Akkus war die Zwei-Zimmer-Wohnung unter dem nicht isolierten Flachdach schon nach wenigen Tagen zu meinem Ruhepol geworden. Das französische Bett, das durch eine orangefarbene Blumendecke an eine Sommerwiese erinnerte, stand im hinteren Raum, der größer und heller war als das Eingangszimmer. Durch das ausladende Fenster konnte ich nach draußen auf einen weiten Himmel schauen, der von schwarzen Kabeln in viele Dreiecke und Quadrate zerschnitten wurde. Weiter in Richtung Horizont schimmerten silbern Wassertanks auf den Flachdächern, und dahinter sah man Betonklötze, die sich über die Jahre hinweg wie graues Treibholz ineinander verwachsen hatten. Drei Etagen unter mir lagen quadratisch eingeteilte Gärten und Hinterhöfe, in denen sich das Leben nie zu beruhigen schien. Da gab es Mate trinkende, ältere Damen, Gitarre spielende Jungs und meine Lieblingsnachbarin Schildi. Die große Schildkröte im Hof links hinten, welche jeden Mittag zwischen den Topfpflanzen auf den braunen Kacheln ihre Sportrunden drehte. Sonntags wurde im Garten unter meinem Minibalkon von einem Dicken, der immer mit nacktem Oberkörper erschien, der Grill an-gezündet. Bis zu mir hoch duftete es dann nach gegrilltem Fleisch. Es war unübersehbar, 3 G war zu meinem neuen Heim geworden.

Februar

Raue Zeiten

Angekommen war ich nicht nur räumlich, sondern auch gedanklich. Inzwischen träumte ich auf Spanisch und sprach diese Sprache im Traum. Woher ich das wusste? Heute Morgen wachte ich auf und hörte mich im Halbschlaf sagen: „¡Llamame vos!, ruf mich an." Die Traumkonversation ging sogar so weit, dass ich diese Aufforderung mit der unverkennbaren Eigenart des argentinischen Spanisch aussprach. Bei dieser Eigenart wird Doppel-l nicht wie in anderen lateinamerikanischen Ländern und Spanien als *j* artikuliert, sondern als *sch*. Demnach hört sich *llamame* im Argentinischen wie *schamame* an. Auch hatte ich *vos, du,* gesagt. *Vos* sagt ein Argentinier anstatt *tu.* Zwei sprachliche Charakteristika, die dem Kenner die sprachliche Eigenwilligkeit der Argentinier offenbaren. Aber warum hatte ich im Halbschlaf „ruf mich an" gesagt, rätselte ich beim Müslifrühstück. Der Ausruf musste mit der Dringlichkeit meines Visums zu tun haben. Immerhin war ich schon fast drei Monate im Land und mein 90-Tage-Touristenvisum bald abgelaufen. Auch hatte ich zu lange gezögert, um Damians Schwager, den Unternehmer, der Arbeitskräfte suchte, anzurufen. Ich musste sofort mit ihm sprechen! Damian hatte mir von Diegos Arbeitsangebot schon im Januar erzählt, verflixt, nun hatten wir schon Februar. Augenblicklich kramte ich das Handy mit der Prepaid-Karte aus dem Durcheinander meiner Handtasche und wählte nun endlich die längst gespeicherte Nummer von Diego. „*Hola Lisa, que bueno que me llamás. ¿Cómo andás, todo bién?*", hallte es mir vom anderen Ende entgegen. Der

Satz „Hallo Lisa, wie geht es dir, alles gut?" gilt als Standard-Einleitung bei jedem Gespräch, egal, in welchem Kontext. An der Namensnennung und an einem freundlichen „Wie geht es dir?" kommt in Buenos Aires keine Begrüßung vorbei. Nachdem ich dieses Begrüßungsritual brav absolviert hatte, erzählte ich Diego von meinen Visumsorgen. Er antwortete prompt, dass er eine freie Bürostelle in seiner Baufirma habe. Wir einigten uns darauf, dass ich mit meinen übersetzten Dokumenten aus Deutschland und einem Arbeitsvertrag seiner Firma zum Ausländeramt gehen sollte. Noch am Telefon versprach mir Diego, dass der Vertrag noch am gleichen Tag aufgesetzt würde, sodass er morgen früh beim Notar legalisiert werden könne. Währenddessen bereitete ich eine Mappe mit meiner ins Spanische übersetzten Geburtsurkunde und polizeilichem Führungszeugnis aus Deutschland und Argentinien vor und suchte die Adresse des Amtes heraus.

„¿Che boluda cómo andás?", rief mir die bestimmte kleine Frau zu, die bei einem Verlag in der Nähe meiner Wohnung arbeitete, als sie mir auf der Avenida Santa Fe entgegengelaufen kam. Bei der immer noch währenden Hitze und dem ganzen Papierkram musste ich mir eine Pause gönnen, so traf ich mich mit Mariela auf ein Bier. Es sollte mich noch einige Zeit kosten, mich an die burschikosen, ja, schon rüden Umgangsformen der Hauptstädter zu gewöhnen. Man muss schon schlucken, wenn man von seinen Freundinnen in jedem zweiten Satz mit boluda, Depp, angesprochen wird. „Depp" wird hier als liebevoll gemeinter Kosename gebraucht. Die kumpelhafte, recht hemdsärmelige Verständigung spiegelt sich auch beim Siezen bzw. Duzen wider. In Deutschland ist es bekanntlich nicht angebracht, einen Fremden über vierzig zu duzen, während man hier beim Siezen von älteren Frauen ein empörtes „Hör mal, ich bin doch keine alte Schachtel!" zu hören bekommt. Besonders gefällt mir das ebenfalls saloppe und in jedem zweiten Satz verwendete *che*, was so viel wie das neudeutsche *ey* bedeutet. Obwohl es nicht sehr höflich war, hatte das Wort, welches dem argentinischen Revolutionär Ernesto Guevara zu seinem Beinamen Che Guevara verholfen hatte, etwas Liebevolles.

Die mollige Mariela und ihr „Depp" bogen in die Straße Rodríguez Peña ein, um ihren Mittagshunger im *Cumaná* mit einem Teller voll Empanadas zu stillen. Nachdem wir die gefüllten Teigtaschen bestellt hatten, fragte mich Mariela, die wie immer eins ihrer knalligen T-Shirts trug: „Wie kommst du mit unserer Sprache zurecht?" „Abgesehen von dem Kosenamen *boludo* empfinde ich eure sprachliche Eigenart immer wieder aufs Neue als sehr herzlich", antwortete ich ihr. „Die weiche, melodische Aussprache, aber auch die verwendeten Wörter machen deine Muttersprache zu etwas Besonderem." Wenn mich eine ältere Dame im Supermarkt um Hilfe bat und mich mit *„Mi corazón,* mein Herz", ansprach, war ich jedes Mal aufs Neue erstaunt über die unerwartete Nähe, und zugleich war ich berührt von der Liebenswürdigkeit der Menschen, die sich so klar in ihrer freimütigen Verständigung widerspiegelte. „Fällt es dir noch schwer, spanisch zu sprechen?", bohrte Mariela weiter. Ich erklärte ihr, dass meine anfängliche Schüchternheit aufgrund der offenen und lockeren Art der Leute hier so gut wie verschwunden sei. „Buenos Aires mit euch Porteños ist die beste Anti-Schüchternheitstherapie, die ich mir vorstellen kann", offenbarte ich Mariela lachend. Die Kehrseite dieser Eigenart durfte ich allerdings nur verhalten benennen, denn dem großen Porteño-Ego fällt es schwer, mit Kritik umzugehen, es sei denn, sie kommt von ihnen selbst. So verschwieg ich Mariela gegenüber, dass Schüchternheit gesellschaftlich weniger akzeptiert sei. Die gängige Regel lautet: Je mehr du quasselst, lachst und lustig bist, desto sympathischer bist du.

Während wir unsere Empanadas Salteñas mampften, dachte ich über die Verflechtung von Kommunikation und Kultur nach. Anfangs fiel mir die Interpretation der eigenwilligen, mich an ein Labyrinth erinnernden Sprache der Porteños schwer. Es kam mir vor, als sei dies ein Indiz für das Undurchsichtige der argentinischen Gesellschaft, die zwar oberflächlich betrachtet europäisch wirkte, in ihren tieferen Schichten des sozialen Lebens aber eigenständige Umgangsformen geschaffen hatte. Für jemanden mit deutschem Kulturhintergrund, für den ein Wort ein Wort war, auf das er bauen konnte, wirkte die bonaerensische Sprachwelt verwirrend. Ich erinnerte mich an Anna, die anfangs fast verzweifelte. „Man kann sich hier einfach nicht auf Worte verlassen. Alle sagen immer nur *Ja,* aber am Ende kann ein argentinisches *Ja* doch alles bedeuten, sogar ein *Nein.* In der Schweiz ist ein *Ja* einfach nur ein *Ja*! Und bei unserer Sprachkultur gibt es Schwarz und Weiß, ganz einfach. Hier existieren dagegen neben Schwarz und Weiß noch weitere tausend Grautöne, was mir das Verstehen der Leute oft unmöglich macht. Warum muss das so kompliziert sein?" Während diese Kritik aus ihr heraussprudelte, wurde ihr Schwyzerdütsch immer unverkennbarer.

Mich interessierte Marielas Meinung zum Thema, und so erzählte ich ihr von Annas Verzweiflung. „Ich kann Anna gut verstehen. Tatsächlich gibt es zwei Sorten von Kommunikation", bestätigte sie. „Die eine besteht aus dem wortwörtlich Gesagten. Aber daneben existiert eine komplexe Welt der Interpretation, die hinter dem engeren Wortsinn verborgen liegt. Grade in Buenos Aires hat diese Eigenart der Sprache eine Tradition. Nicht ohne Grund existiert hier der sogenannte Lunfardo. Eine Sprachart, die sich wie eine autochthone Pflanze in der facettenreichen Welt des Porteño entwickelt hat."

Es tat mir gut, mit Mariela den tieferen Sinn ihrer Muttersprache zu besprechen. Aber was sagen all diese Sprachverästelungen über eine Gesellschaft aus? War der Porteño freiheitsliebend, und spiegelte sich das in seiner Sprache wider? Oder war seine Sprachkultur nichts anderes als der Ausdruck der Wurzeln seiner Herkunft? Gab es überhaupt *den* Porteño? Oder existierten in den Subkulturen von Buenos Aires Unterschiede in Sprache und sozialem Verhalten gemäß der mannigfaltigen Herkunft? Hatte ein Porteño italienischer Herkunft andere Umgangsrituale als einer mit spanischen Wurzeln? Im Verlauf des Jahres sollte ich Antworten auf diese Fragen finden.

Nach der vorherrschenden Bürokratie im öffentlichen Leben zu urteilen, liebten die Hauptstadtbewohner die Vielzahl an Ämtern und das Wirrwarr an Behörden und Behördenstempeln.

Nachdem ich mich früh am Morgen mit Diego in der Innenstadt bei seinem Notar getroffen hatte, um den autorisierten Vertrag zu unterschreiben, fuhr ich mit dem Taxi zum Ausländeramt. Als ich in das schäbig aussehende Gebäude Nr. 3 in der Avenida Antártida Argentina trat, erinnerte ich mich an ein Sprichwort der Einheimischen: *Gott ist überall, empfängt aber nur in Buenos Aires.* Auch wenn Argentinien aus dreiundzwanzig Provinzen besteht, die eine weitgehende Autonomie besitzen, sieht es in der Praxis oft anders aus. Viele Dokumente können nur in der Hauptstadt beantragt werden, es sei denn, der Bürger nimmt eine Wartezeit von bis zu einem Jahr auf sich. Das Sprichwort vom allmächtigen Gott bezog sich eindeutig auf das zentralistische System, das in den Schulbüchern und Propagandaheften als präsidiale Bundesrepublik gilt. Diese Staatsform des Schwellenlandes mag in der grauen Theorie bestehen, aber in der Praxis ist sie schlichtweg absurd, denn Argentinien erstreckt sich über zwei Millionen und 780 400 Quadratkilometer und misst von der nördlichen Provinz Jujuy bis nach Ushuaia im Süden 4135 Kilometer.

Auf dem Weg zum Ausländeramt sah ich aus meinem Busfenster, entlang eines enorm großen Gebäudes in der Innenstadt, eine endlos Schlange von Argentiniern, die sich um das gesamte Gebäude wand. Es war das Hauptpolizeiamt, wo jeder Argentinier – auch die der dreiundzwanzig Provinzen –, der seinen Pass oder sonstige Dokumente beantragt, zuerst ein polizeiliches Führungszeugnis, erstehen muss. Jetzt verstand ich das Sprichwort in seiner ganzen Tragik!

Und als ich durch den belebten Eingang des Ausländeramts trat – die enorme Wartehalle war voller Menschen, nein, sie war vollgestopft mit Menschen –, bekam ich das Sprichwort am eigenen Leibe zu spüren. Auf demselben Amt mussten sich alle in Argentinien lebenden Ausländer anmelden, auch die sämtlicher Provinzen. Hitzegeladene Luft stand muffig in Räumen, wo sich Beamte hinter Computern zu Halbgöttern aufbliesen. Als ich eine Bolivianerin mit Zöpfen – die Mehrzahl der Anwesenden waren Bolivianer, Peruaner und Chinesen – nach dem Schalter *Trámites No Mercosur, Abfertigung von nicht Mercosur-Staaten,* fragte, antwortete sie mir ziemlich aufgelöst: „Vergiss es, bringt eh nichts zu fragen. Die Schalterbeamten schicken dich sonstwo hin, weil sie selbst nicht durchblicken." So schnell wollte ich nicht aufgeben. Ich drängelte mich durch das Gewühl. Eine ungemeine Aufgeregtheit lag im Raum, denn jeder hatte ein wichtiges Anliegen, das er so schnell wie möglich loshaben wollte. Totales Chaos überall. Ein nervenzehrendes Theater das Ganze. Es war so heiß, dass mir der Schweiß in Tropfen die Stirn hinablief. Nur weil irgendwann die sogenannten Gründungsväter Landesgrenzen und Einwandererbehörden, Pässe und Nationalitäten eingeführt hatten, müssen wir, das gemeine

Volk, schwitzen und wertvolle Lebenszeit mit wertloser Bürokratie verlieren? Was für eine Relevanz hatte diese Behörde angesichts der Menschheitsgeschichte? Für mich, mitten in der Warteschlange, stand fest: keine. Trotzdem musste ich geschlagene fünf Stunden in der muffig-heißen Atmosphäre des Bürokratendschungels ausharren. Bereits am Eingang hatte eine dicke Frau mir einen vollgeschwitzten Zettel mit der Nummer 92 in die Hand gedrückt. Mit hängenden Schultern und weichen Knien starrte ich auf das kleine Diodenfeld unter der Decke, auf der sehr langsam rote Nummern verschwanden und neue, höhere auftauchten. Soeben wurde die glückliche Person mit der Nummer 30 aufgerufen. Ich konnte es kaum fassen: zweiundsechzig Leidtragende standen noch vor mir in der Schlange. Eigentlich hatte ich es immer genossen, auf meinen Reisen in die weite Welt eine Ausländerin zu sein. Doch wie ich jetzt als Nummer 92 wartete, war es nur ein erniedrigendes Gefühl.

Ich fühlte mich elend. Nach fünf Stunden Wände-Anstarren, Aufstehen, Hinsetzen, Gesichter-Studieren, langweiligen Gesprächen Lauschen und meinen Durst und Hunger bekämpfend, war endlich Nummer 92 dran. „Wo sind die Passfotos?", fragte mich der Halbgott auf der wichtigeren Seite des Schreibtischs. Fotos? Wo hatte denn gestanden, dass man Fotos braucht? Nirgendwo! Da war ich mir ganz sicher, hatte ich doch alle Vorschriften vorher genau durchgelesen. Aber das spielte keine Rolle. Schnell lernte ich, dass kein Verlass auf Informationen der Behörden-Homepages oder ihrer Infoblättchen war. Vielmehr ähnelte die Ämterwelt dem Lunfardo: einem für Außenstehende oft undurchsichtigen Labyrinth.

Mein Credo für heute: Wenn ein Tag schlecht anfängt, wird er selten besser. Nachdem die fehlenden Fotos abgeliefert waren und ich endlich aus dem abgewrackten Amt rauskam, fühlte sich mein Kopf an wie eine gärende Wassermelone, die vor zu viel Saft jeden Moment zu platzen drohte. Weil ich schnurstracks nach Hause wollte, blieb mir nichts anderes übrig, als in die engen, gekachelten und brüllend-heißen Gänge der Subte-Unterwelt hinabzusteigen. Durchgeschwitzt, mit pochenden Schläfen, kam ich nach einer halben Ewigkeit wieder in meiner Wohnung an. Endlich RUHE. Doch die fand ich nicht in Anbetracht der Tatsache, dass ich nach all dem Stress nicht einmal alle Formalitäten erledigt hatte. Es fehlte unter anderem die Registrierung der Firma von Diego. So wie immer irgendein zusätzlicher Wisch fehlt, egal wie komplett Unterlagen auch sein mögen. Mit gemischten Gefühlen sah ich einem erneuten Bußgang auf das Amt entgegen. Es war das erste Mal, dass ich diese Megastadt und ihre Menschen satthatte. Frustriert lag ich auf dem Bett, als das Telefon klingelte. Es war Diego. Ich erzählte ihm von meinem deprimierenden Tag. „Daran wirst du dich gewöhnen müssen. Dass du beim ersten Gang aufs Amt nicht erreicht hast, was du erwartet hattest, ist normal", versuchte Diego mich zu beruhigen. Er machte mir Mut, indem er mich zu einem ersten Arbeitstreffen am nächsten Morgen in sein Büro einlud, bei dem er mir das fehlende Dokument übergeben würde. So konnte ich spätestens übermorgen wieder auf das Ausländeramt marschieren.

Noch wagte sich die Sonne nur schüchtern über die Dachkanten der Hochhäuser, als ich am nächsten Morgen an der Bushaltestelle des 110er wartete. Ich liebte die Stadt am Morgen in ihrer entspannten Geschäftigkeit. Golden glänzend die Fassaden, liebkost von der morgendlichen Sonne. Über dem ganzen Menschenwerk stand lachend der Himmel in einem einzigartigen Ultramarin. In einem Blau, das schon der argentinische General Manuel Belgrano als einzigartig erkannt hatte und es im Jahr 1812, neben der Sonne, die sechs Jahre später dazukam, als Emblem in die argentinische Nationalflagge aufnehmen ließ.

Um acht Uhr dreißig begann mein erster Arbeitstag – mit einem Einstand der besonderen Art. Im von Ordnern und Papierstapeln überquellenden Büro lärmten ein Radio, ein Fernsehgerät und vier Telefone gleichzeitig, während die beiden Sekretärinnen mich Neue unter die Lupe nahmen. Schon bald war mir das zu viel, vor lauter Nervosität flüchtete ich auf die Toilette. Im WC des Büros war wie in jedem zweiten Haushalt, Geschäft oder Restaurant die Wasserspülung defekt. Der Bösewicht, der immer für Unheil sorgt, ist der Spülhebel, mit dem man das Wasser zum Rauschen bringt. Dieser Hebel ist entweder eine Fehlkonstruktion oder hoffnungslos verrostet und veraltet. Deshalb fehlt auf den meisten Toiletten der Deckel des Spülkastens und man kann die Eingeweide des Mechanismus gut studieren. Handelt es sich um einen Wandkasten, dann ist der Mechanismus noch abenteuerlicher: ein eckiges Loch in der Wand, ein schwimmender Haken, der aus dem Wasserbecken ragt und den man hochziehen muss. Leichter gesagt als getan. Will man nun, reinlich wie man ist, die Spülung betätigen, muss man die Hand in das Wandloch stecken, den Hacken packen und die Spülung auslösen. Hierfür ist großes Geschick gefragt. Zieht der Verzweifelte zu heftig an dem Haken, enthakt sich die wackelige Konstruktion und funktioniert nicht mehr.

Zum Glück gab es in der Firma *nur* einen defekten, deckellosen Spülkasten. Und *natürlich* zog ich – zu fest – am Plastikarm mit der Plastikkugel und legte das komplette Spülsystem lahm. Mir lief ein kalter Schauer über den Rücken. Was hatte ich getan! Um die Spülung zu reparieren, versuchte ich alles Mögliche, wodurch aber alles nur noch schlimmer wurde: Wasser floss über den Rand des Spülkastens auf

den Boden. Am Ende stand ich schweißgebadet in dem über-
fluteten Klo mit der kaputten Spülvorrichtung in der Hand
und musste das tun, was ich hatte vermeiden wollen: Ich
musste Diego zu mir auf die Toilette bitten. Mein neuer Chef
zierte sich nicht, steckte fachmännisch seinen Arm bis zum
Ellbogen in den Kasten und reparierte den Mechanismus. Ich
schaute ihm von hinten zu und hätte mich am liebsten in
Luft aufgelöst. Als er fertig war, sagte er lässig: *„¡Listo!* Fertig!"*

Ohne ein weiteres Wort über die Kloszene zu verlieren,
gingen wir an die Büroarbeit. Später hielt ich das argentinische Toiletten-Thema als Kunstobjekt in einer Fotoausstel-
lung fest, so sehr hatte es mich an meinem ersten Arbeitstag
mitgenommen. In Schwarz-Weiß zeigte das Foto ein offenes
Klobecken mit der hinlänglich bekannten schwimmenden
Plastikkugel. Nur wenige Besucher der Ausstellung wollten
sich mit der weniger appetitlichen Seite des argentinischen
Hygiene-Daseins im öffentlichen Raum auseinandersetzten.
Aber Kunst ist bekanntlich provokant und kann auch der
psychischen Verarbeitung eines „niederen" Themas dienen.

An meinem ersten Bürowerktag als Übersetzerin sollte
ich Wichtiges über die hiesige Arbeitswelt lernen. Zum Beispiel was *coima* bedeutet. *Coima,* so klärte mich Diego auf,
war der typisch argentinische Schlüsselbegriff für Schmiergeld. Obwohl das Bezahlen von Schmiergeld ein normaler
Bestandteil der täglichen Arbeit jeder Firma war, wie er mir
versicherte, sollte *„coima"* nur in vertrauter Runde, am besten
aber gar nicht, ausgesprochen werden. Wie wir zu zweit in
seinem Büro saßen, erzählte er mir, dass er sowohl an die
Polizei als auch an die größte Wasserversorgungsfirma des
Landes, mit der er eng zusammenarbeitete, *coima* zahle. Aufmerksam hörte ich ihm zu und kam mir wie bei einer absur-
den Investigativrecherche vor: alles *top secret,* aber eigentlich
allgemein bekannt und ganz alltäglich.

Bevor ich nach acht Stunden die Firma verließ, drückte mir Diego noch das fehlende Schriftstück für meinen Visumantrag in die Hand. Trotz des Toilettenfauxpas war ich glücklich darüber, nach fast drei Monaten einen ganz normalen Arbeitstag absolviert zu haben. Ab sofort würde ich dreimal die Woche zu Diego ins Büro fahren und acht Stunden arbeiten. Plötzlich gefiel es mir, einen Chef zu haben, der im schlimmsten Fall die Verantwortung übernimmt. Bis zu diesem Tag war ich unserer Familientradition der Selbständigkeit treu geblieben und hatte nach meinem Magisterstudium drei Jahre als freiberufliche Fotografin die alleinige Verantwortung für meine Arbeit übernommen. Obwohl ich wegen der vibrierenden Kunstszene hierher gekommen war, gefiel mir die Idee, mich vorerst von meinem freiberuflichen Dasein zu verabschieden und es gegen ein bürgerliches Leben als Büroangestellte in einer Baufirma einzutauschen. Noch erschien mir der unbekannte Lebensstil einfacher, gemütlicher. Aber wie lange sollte ich, die ich von einem Schriftsteller väterlicher- und einer Slawistin mütterlicherseits geprägt war, die neuen Umstände begrüßen? Bevor ich mich schlafen legte, stellte ich den Wecker auf sieben Uhr. Morgen früh war leider erst mal wieder das Ausländeramt angesagt.

„Nutze deine Chance als große, blauäugige deutsche Ausländerin in dieser Stadt, statt dich zu beschweren!", hatte Mariela noch zu später Stunde per Handy doziert. Trotz Marielas Tipps für den bevorstehenden Amtsbesuch sollte die Nacht von unruhigen Träumen begleitet sein. Was sie mit „nutze deine Chance" gemeint hatte, sollte ich am nächsten Morgen erfahren.

Wie ich zum zweiten Mal mit sämtlichen Papieren im Ausländeramt erschien, drückte mir die dicke, mir schon bekannte Frau ein Zettelchen mit der Nummer 137 in die Hand. Wie viele Stunden würde es dieses Mal dauern? Ich fragte eine junge Chinesin, welche Nummer dran sei, denn die Leuchtanzeige hing heute wie tot an der Wand. Sie antwortete mir, ohne mit der Wimper zu zucken: „Número 52." Das darf nicht wahr sein, fünfundachtzig Personen vor mir! Von meiner ersten Warterei war ich ja einiges gewohnt. Aber eine fünfundachtzigköpfige Schlange vor mir, das gab mir den Rest.

Niedergeschlagen ließ ich mich mit meinen Papieren in der Hand auf einen der schwarzen Plastikstühle plumpsen. Ich hatte weder Buch noch MP-3-Player mitgebracht. Hätte ich Ablenkung dabei gehabt, hätte ich sie nicht benutzt, zu unruhig war ich, um mich mit Nebensächlichkeiten abzugeben. Als ich gelangweilt eine junge hübsche Chinesin in der Plastikstuhlreihe vor mir beobachtete, fielen mir plötzlich Marielas Worte wieder ein: „Nutze deine Chance!" Damit hatte sie gemeint, dass ich meine Weiblichkeit einsetzen müsste, um schneller ans Ziel zu kommen. Wäre das Amt nicht von den drei mehrspurigen Avenidas völlig vom kommerziellen Zentrum abgeschnitten, würde ich einfach drei Stunden shoppen gehen. Auch die Befürchtung, ich könnte aufgerufen werden, ohne dass ich anwesend wäre, hielt mich wie ein Bann im vollgestopften Amt. Trotz meiner anfänglichen Zweifel an Marielas etwas schrägen Ämtergang-Tipps realisierte ich in meiner verzwickten Lage, dass ihr „Leitfaden" meine einzige Chance war, wollte ich nicht den gesamten Tag in dem stickigen Gebäude verbringen.

Die vier wichtigsten Regeln für Frauen auf Ämtern nach Mariela Diaz:

Erstens: Sich unter keinen Umständen hinsetzen, sondern beim Eintreten in die Halle vor den männlichen Angestellten, die hinter ihren Computer-Monitoren auf die wartende Menschenmenge schauen können, auf und ab gehen, damit sie deine Weiblichkeit wahrnehmen. *Zweitens:* So tun, als ob du völlig orientierungslos bist und etwas Bestimmtes suchst. *Drittens:* Intensiver Augenkontakt mit dem männlichen Personal! *Viertens:* Auf einen der männlichen – ganz wichtig! – Angestellten zugehen und ihm eine Frage stellen. Wobei völlig egal ist, wie dumm die gestellte Frage ausfällt.

Meine kleine Mariela nannte dieses raffinierte Spiel *Strategie des Trommelns.* Ganz offensichtlich ging es nur darum, die Aufmerksamkeit der Herren der Schöpfung unter Hunderten von Menschen auf sich zu lenken. Diesen Knigge hatte sie mir gestern Abend noch in ernstem Ton, als redete sie von einer wissenschaftlichen Erfindung, erläutert.

In meiner Verzweiflung machte ich mich an die Erprobung von Marielas Taktik. Ich positionierte mich auffällig vorne an den Arbeitsplätzen der Angestellten und nahm Augenkontakt zu einem der Mitarbeiter auf. Wie ein hungriger Panter streifte ich vor den Schaltern auf und ab. Zum Glück hatte ich ein ziemlich enges Top an. Wie beim Yoga streckte ich meinen Brustkorb weit vor, wobei ich mir ziemlich bescheuert vorkam. Dann wartete ich einige Minuten, aber nichts geschah. Nochmals lief ich den Gang der nebeneinander aufgereihten Computer wie auf einem Laufsteg ab und dann war es so weit: Sofort bemerkte ich den Blick des blondhaarigen Schalterbeamten rechts von mir. Bingo! Ich sah richtig, er winkte mich zu sich heran. Marielas „Trommel"-Taktik war aufgegangen. Auch wenn ich mich sofort für mein Verhalten schämte, ließ ich mich doch auf die Bevorzugung durch den allmächtigen Schalterjüngling ein.

Und dann ging alles ganz schnell. Rasch ging ich auf den freien Platz zu, setzte mich lächelnd auf den schwarzen Plastikstuhl und schlug kokett die Beine übereinander. „Hi, ich bin Fernando, wie kann ich dir helfen?", fragte mich der junge Mann mit einem charmanten Lächeln. Mein Stichwort. Ich packte den ansehnlichen Stapel Papiere samt Pass aus und überreichte ihm alles, bemüht, meine Aufregung zu unterdrücken. Fernando kontrollierte einige Minuten lang Dokumente und Pass. Als Nächstes stempelte er zügig die vorgelegten Papiere und schon wurde mir meine Mappe samt *Residencia Temporaria*, der vorläufigen Aufenthaltsgenehmigung, in die Hand gedrückt. Hurra! meine Beharrlichkeit hatte gesiegt, ich besaß das einjährige Visum. Glücklich bahnte ich mir den Weg durch die zu Hunderten Wartenden nach draußen.

Als ich an die frische Luft trat, fühlte ich mich zerschlagen und war total verschwitzt. Okay, ich hatte einen Erfolg errungen, aber warum war ich nicht einfach ein Jahr lang alle drei Monate außer Landes gereist? Immerhin lag Uruguay nur zwei Stunden mit der Schnellfähre von Buenos Aires entfernt auf der anderen Seite des Río de la Plata. Nun, den einfacheren Weg zu wählen passt einfach nicht zu meinem Wesen.

So schluckte ich den Behördenaufwand hinunter und traf zur Feier des Tages die lustige Paula aus Köln. Wir gingen ins Restaurant *La Escondida* und gönnten uns ein saftiges Steak. Da sowohl Paula als auch ich von ihren Tageserlebnissen erzählten, kam bald das Thema Ausländer auf. Außer den Chinesen war ein weites Spektrum an Ethnien in dieser multikulturellen Stadt vertreten. Ob Georgier, Russen, Chinesen, Deutsche, Juden oder auch Koreaner, alle waren sie hier und besaßen ihre eigenen Gemeinden. „Wusstet ihr, dass der einzige McDonald Koscher der Welt, mal abgesehen von Israel, sich in dieser Stadt befindet?", fragte uns Mariela, die zu uns gestoßen war. Sie hatte recht! In dieser Stadt lebten unzählige Religionsgemeinschaften und Ethnien mit ihren kulturellen Eigenarten zusammen, ohne dass es gravierende Probleme oder gar Kämpfe gab. Alle folgten einem unsichtbaren, eingespielten Reglement: Paraguayer arbeiteten auf dem Bau, Afrikaner verkauften Goldschmuck auf der Avenida Corrientes, Kolumbianer kellnerten in Palermo, Bolivianer verkauften Blumen und Gemüse auf der Straße, Russinnen arbeiteten als Schneiderinnen, Chinesen betrieben Supermärkte oder Wäschereien und den Juden gehörte, gemäß allen Gerüchten, halb Buenos Aires. Es gab Moscheen, katholische, anglikanische und griechisch-orthodoxe Kirchen, hinduistische und buddhistische Tempel und spirituelle Zentren aller Art. Die größte Moschee der Stadt hatte der ehemalige Präsident des Landes, Carlos Saúl Menem, in Palermo bauen lassen, denn seine Vorfahren waren islamischer Herkunft. Präsident Menem ging als Bankrotteur in die Geschichte ein. Mit der fatalen Mischung aus neoliberalen Reformen, Korruption und Misswirtschaft ruinierte er die Nationalökonomie, sodass Argentinien im Jahr 2001 den Staatsbankrott anmelden musste.

De facto ist Buenos Aires eine kosmopolitische Stadt wie New York, in der jeder seine Nische finden kann. Auch wenn mir das eine oder andere Mal ein Alltagsrassismus der losen Worte begegnete, sollte ich nie auf einen organisierten Rechtsradikalismus oder Chauvinismus treffen.

Inzwischen war die Nacht hereingebrochen. Nachdem Paula, Mariela und ich uns mit vollgeschlagenen Bäuchen zum Abschied innig umarmten, ging ich mit gemischten Gefühlen nach Hause. Trotz des eben errungenen Erfolges ließen mich bleierne Glieder spüren, dass ich turbulente Zeiten hinter mir hatte.

März

11463 Kilometer entfernt oder einmal Köln–Buenos Aires

Tagsüber war ich von Unruhe getrieben. Nachts träumte ich von Schlangen, die mich bissen, und Hornissen, die mich zerstachen. Meine Träume schienen den fantastischen „Geschichten von Liebe, Irrsinn und Tod" des Uruguayers Horacio Quiroga zu entspringen.

Echtes Heimweh holte mich zum ersten Mal ein. Tief und grau hing der Himmel vor meinem Fenster. Heute entsprach sein Grau dem Grau auf meiner Seele. Ich ging ins Badezimmer, um mich zu erfrischen. Ein Gefühl der Schwermut lag wie trübes Wasser über meinem Gemüt. Warum kostete alles so viel Kraft? Warum war diese Stadt oft so fordernd, ungezähmt und undurchsichtig? Ich erinnerte mich an eine Philosophievorlesung an der Uni über die Existenz der Dinge: Wenn eine Sache von niemandem wahrgenommen wird, gibt es auch keinen Grund für ihre Existenz, hieß es da. Die Konsequenz dieser These: Buenos Aires ist nicht existent. Das mag abstrus klingen, aber in ihrer ganzen Verworrenheit und mit ihrem so unberechenbaren Charakter war es unmöglich, diese Megastadt wahrhaftig, im Sinne einer konstant wahrnehmbaren Daseinsform zu erfahren. Oder war womöglich gerade die Unbeständigkeit der Funke Beständigkeit in ihrem Charakter? Existierte die Stadt doch?

Auch die extrem schwüle Luft, die Hitze, welche seit zwei Tagen wie eine Ladung kochenden Teers über der Stadt lag, machte mir zu schaffen. Oder hatte mein Unwohlsein noch einen anderen Grund? Lag es daran, dass ich im März meinen dreißigsten Geburtstag feiern müsste, weit entfernt von den Leuten, mit denen ich diesen einmaligen Tag gerne gefeiert hätte?

Unter der kalten Dusche überkam mich wie ein Schock die Erinnerung. Ich war wieder in Köln, in meiner Wohnung. Duschte dort, während ich aus dem efeubewachsenen Badfenster in den schattigen Innenhof blickte. Ich vermisste dieses vertraute Zuhause. Auf einmal – war ich vorher doch so sicher gewesen, dass es als Weltbürgerin kein wirkliches „Zuhause" gab – fühlte ich mehr denn je, dass Wohnung, Familie und Freunde Teil meiner Identität waren und mir jetzt fehlten.

Köln–Buenos Aires! Oder elftausendvierhundertdreiundsechzig Kilometer weit weg, dachte ich entmutigt, als Wassertropfen im Wettlauf kalt an meinem Körper abwärts gen Wannenboden sprangen. Wie lange würde es dauern, bis sie ihren Weg durch Abflüsse, Kanäle und schließlich ins Meer gefunden hätten und in der alten Heimat ankämen? Diese Tropfen, die eben noch meine Haut, mein Sein berührt hatten, könnten vielleicht bald schon im Meer vor den deutschen Gestaden als Teil eines Ganzen ankommen.

Nach dem Duschen machte ich mir einen grünen Tee, den mir mein Bruder aus Köln geschickt hatte, legte mich kurz aufs Bett und lies das jämmerliche Gefühl Heimweh zu.

Die Luft im Zimmer war zum Schneiden, und ich meinte, trotz der kalten Schockdusche noch nie in meinem Leben so geschwitzt zu haben. Seit Tagen hatten sich die Straßen und Häuserschluchten in Erwartung von etwas Großem, Ungewissen ungemein erhitzt. Und ich spürte, wie der Himmel sank, tiefer und tiefer, bis auf den Grund herab. Der Mächtigste aller Atlantikwinde, der Südostpassat, frischte auf und wehte immer stärker. Schon jagten Wirbel durch Tunnel und Kanäle aus Beton. Es war wie ein Kampf, der sich in anderen Sphären abspielte. Endlich entschieden das Ringen der naturgewaltigen Götter, ermittelt der Sieger und erledigt der Besiegte, da löste sich mit einem Mal jedes noch so winzige Teil. In einer sensationellen Explosion begann der Himmel, den Verlust des Besiegten zu beweinen. Wilde Ströme wurden frei. Es war, als benetzte Pachamama, die allmächtige Erdgöttin der Anden, den Leib der Welt mit ihren Tränen. Mit unzähligen Tränen, nicht nur des Leids, sondern auch der Freude. Mystisch allemal.

Vor dem geöffneten Fenster lag ich auf meinem Bett. Trotz Schwermut konnte ich im aufbrausenden Sturm einen Funken Glück verspüren, denn ich liebte diese verregneten Tage, seit ich vor über zehn Jahren in Brasilien das erste Mal meinen Fuß auf südamerikanische Erde gesetzt hatte. Regentage waren hier nicht einfach Regentage. Ein südamerikanischer Schauer ist niemals lieblich, nein, er ist gewaltig wie ein Kampf auf Leben und Tod. Sind Regen und Sturm überstanden, sind wir befreit. Plötzlich können wir wieder atmen, die unerträgliche Hitze verschwindet mit einem Schlag.

Nach einiger Zeit – ich weiß nicht, waren es Minuten oder Stunden – hob ich mechanisch den Telefonhörer ab, um meine Freundin Sarah in Köln anzurufen. Sie könnte mich sicher trösten, dachte ich, als eine scheppernde Computerstimme ertönte. *„El servicio está bloqueado por favor, marque 112.* Der Service ist blockiert, bitte rufen Sie die Nummer 112 an." „Vielen Dank für die Information", antworte ich der Bandstimme. Seit wann funktioniert mein Telefon nicht mehr? Und das an meinem arbeitsfreien Tag! Ich rief die 112 an. Niemand hob ab, nicht mal ein Computer. Was tun? Ich ging hinüber in den anderen Raum und warf meinen Mac an, um Sarah eine Mail zu schreiben. Vielleicht hatte sie ja Zeit zum skypen. Der Safari-Browser zeigte an, dass keine Internetverbindung hergestellt werden kann. Meine Verbindung zur Außenwelt war blockiert, ohne dass ich wusste, warum. War heute wieder so ein Tag, an dem nichts funktionierte, so ein Tag zum Verzweifeln? Ich bekam große Lust, meine Wohnung kurz und klein zu hauen, so wie die berühmten Rockmusiker, die auf Tour ihre Hotelzimmer zu verwüsten belieben.

Kurzerhand beschloss ich, die Mission *Kontakt mit der Heimat* fürs Erste aufzugeben. Ich verließ meine Wohnung, kaufte mir ein großes Stück Erdbeertorte und setzte mich auf eine schattige Bank im nahe gelegenen botanischen Garten. „Do you want an easy life, stay at home", hatte einmal ein Freund zu mir gesagt. Wie ich die Torte aß, fiel mir dieser kluge Spruch wieder ein. So muss ich an dieser Stelle eingestehen: Das Leben in Buenos Aires liegt manchmal jenseits der Komfortzone. Ich musste meinen Ehrgeiz, Angelegenheiten in einem überschaubaren Zeitrahmen erledigen zu wollen, an den Nagel hängen, denn wenn ich so weitermachte, wäre ich bald todunglücklich. Ehrgeiziges Planen innerhalb eines festgelegten Zeitfensters war hier nicht die geeignete Strategie, um erfolgreich und freudvoll zu überleben. Gelassenheit und Improvisationsvermögen waren der Schlüssel zum Herzen der Stadt.

All das war mir durch meinen „Buenos Aires Frusttag" eben klar geworden. Und schon spürte ich Aufwind. Etwas fing in mir an zu kämpfen, um meinen alten argentinischen Traum nicht entwischen zu lassen. *Warte ab! Nimm die Dinge so an, wie sie sich dir präsentieren. Bald sehen wir weiter. Aber halt bis dahin durch und schwimm mit dem Fluss! Verlier nicht die Hoffnung!* So flüsterte mir eine bestimmte, aber fürsorgliche innere Stimme zu.

„Bist du bereit, mit mir die Welt des Tangos zu erobern?", fragte ich Paula. Am Telefon erzählte ich ihr von meinem frustrierenden Tag, seiner erkenntnisreichen Wende und dem daraus erwachsenen Wunsch, meine rudimentären Tangokenntnisse aufzupolieren. „Das klingt toll, ich bin dabei! Immerhin sind wir in Buenos Aires! Und deine Idee ist gar nicht so abwegig, denn Tango ist ein trauriger Gedanke, den man tanzen kann. Also, ab in die Milonga, so kannst du dein Befinden körperlich ausdrücken, und wirst dich sofort befreit fühlen, das verspreche ich dir."

Gesagt, getan. Wir fuhren mit der Subte nach Belgrano. Dort, im nördlichen Stadtteil, lag eine stadtbekannte Freiluft-Milonga. La Glorieta bestand aus einem majestätischen Pavillon in einem Palmengarten. Schon beim Näherkommen vernahmen wir Tangomusik, die mich augenblicklich in ihren Bann zog. Ich setzte mich auf das Geländer der Pagode und beobachtete sich im Kreis drehende Menschen, die anmutig im Freien tanzten. Sie tanzten paarweise, aber erst, nachdem die Männer – und nur die Männer – die Frauen durch Blickkontakt aufgefordert hatten. Das Schönste war, dass sie die Partner wechselten, ungeachtet gesellschaftlicher Konventionen. Es schien keine Ausgrenzung zu geben: Dicke, Dünne, Große, Kleine, Junge und Alte bewegten sich über die Tanzfläche und fanden in immer wieder neuen Konstellationen zueinander. Im Schutze der Pagode vermischte sich ungezwungen das Volk.

Um sich frei bewegen zu können, trugen die Frauen auf der Tanzfläche weite Kleidung. Die meisten hatten Tangoschuhe mit Absätzen an. Nur ein Mädchen, sie war nicht älter als zwanzig, trug Turnschuhe. Diese flachen Schuhe verringerten weder den harmonischen Fluss noch die Grazie ihrer Bewegungen. Im Gegenteil, die weichen Sohlen gaben ihrem Tanz etwas Besonderes. Da die Absätze fehlten, bewegte sie sich überwiegend auf den Zehenspitzen, was ihrem Körper etwas Puppenhaftes verlieh. Ihr Partner wirkte neben ihrer zarten Figur übermächtig groß. Die Körperhaltung des Paars glich einem auf dem Kopf stehenden V, da sich die Frau in einer Linie gegen den Oberkörper des Mannes lehnte.

Im äußersten Kreis des Laubenpavillons saß das schaulustige Publikum. Alle Anwesenden waren im Bann des Tango Argentino und hatten glänzende Augen beim Anblick der sich so anmutig Drehenden. Immer wieder überkam mich die Lust, einfach mitzutanzen, aber noch traute ich mich nicht. Zu wenig wusste ich vom Tango, als dass ich den Mut aufgebracht hätte, mich unter die Tanzenden zu mischen. „Das muss geändert werden! Morgen gehen wir zu Irina in die Tangostunde. Sie ist eine großartige Tänzerin. Ich habe Irina mal in einer Tango-Show gesehen, toll! Außerdem war sie mit ihrem Partner Santiago 2006 Weltmeisterin in der Disziplin Tango de Salón, einem eher klassischen Stil im Gegensatz zum Tango Escenario. Was gut ist, da Tango Escenario viele akrobatische Elemente besitzt und eher was für die Bühne, als für eine Milonga ist. Wenn die uns nichts beibringen kann, dann niemand!", schwärmte Paula, während ich nur so über ihr detailliertes Tangowissen staunte.

Das rotgelbe Haus im Viertel Abasto beherbergte die Schule *Tango Abasto*. Abasto ist ein geschichtsträchtiges Tangoviertel, in dem der bekannte Sänger und Komponist Carlos Gardel aufwuchs. Heute erinnert an den *tanguero* das Theater *Esquina Carlos Gardel*, wo regelmäßig viel gesehene Shows stattfinden.

Im ersten Stock der Schule fand die Klasse von Irina in einem kleinen Raum mit abgenutztem Parkett statt. Als Paula und ich eintraten, bemerkten wir schnell, dass mehr Frauen als Männer anwesend waren. Ich war erleichtert, so würde ich mich nicht blamieren, wenn ich meinem Tanzpartner ständig auf die Füße trat. Aber der Unterricht verlief anders als erwartet. Irina, deren Großvater es vermutlich aus der sibirischen Einöde nach Argentinien verschlagen hatte, begrüßte uns herzlich, aber energisch, mit bestimmtem Lächeln. Es war offenkundig, dass sie eine weitreichendere Mission hatte, als nur Touristen ein paar flotte Tangoschritte beizubringen. Irina verkörperte eine Prophetin des Tanzes vom Río de la Plata. Hochgewachsen und schlank, schaute sie mit blitzenden Augen jeden der Reihe nach an. Ihr Teint glich in der Textur geschliffenem Holz und in der Farbe reifen Walnüssen. Irinas Haltung war einzigartig. Schultern und Oberkörper so aufrecht und stolz, als könnte sie ihren Tanzpartner über das Parkett schieben und die Führungsrolle übernehmen statt umgekehrt. Schlanke Hüften, fest und zentriert, bildeten die kraftvolle Mitte ihres Körpers. Einem Stahlpfeiler gleich, schien sie im Stehen verankert, unmöglich, sie umzustoßen. Die schlanken, agilen Füße dagegen waren an Grazie und Eleganz nicht zu überbieten.

Voller Bewunderung bestaunte ich diese durch und durch ästhetische Erscheinung. Nach der Begrüßung erklärte uns Irina, ihr Unterricht bestehe nicht nur aus Tanz. Sie betrachtete es außerdem als Aufgabe, ihren Schülern von den Wurzeln des Tangos zu erzählen, welche von Land und Leuten nicht zu trennen seien. „Argentinien war während des 19. Jahrhunderts neben Uruguay das klassische Einwanderungsland Südamerikas", begann sie den historischen Teil der Tangoklasse. „Buenos Aires, die Hafenstadt am Río de la Plata, nahm zu jener Zeit Millionen von Menschen unterschiedlichster Kulturen auf. Wirtschaftliche Misere, ethnische Diskriminierung, politische Verfolgung und Hungersnöte in den Heimatländern hatten diese Massenmigration zur Folge gehabt. In der Mehrheit waren es Italiener. Aber auch viele europäische und osteuropäische Juden waren Teil des Exodus. Auch afrikanische Sklaven wurden als britisches Handelsgut importiert. Daher z. B. der afrikanische Einfluss beim tangoähnlichen Candombe. Könnt ihr mir folgen?" Irina schaute kritisch in die Runde. Als wir nickten, sprach sie ernst, beinahe streng weiter: „Vielen Immigranten gelang es allerdings nicht, sich im Landesinneren niederzulassen. Schuld daran waren die politischen Gegebenheiten, damit meine ich die Herrschaft der Großgrundbesitzer, die das Land mit den Ankömmlingen nicht teilen wollten. So musste sich die Mehrheit schließlich mittel- und rechtlos in Buenos Aires niederlassen. Die Stadt wuchs binnen Kurzem enorm. Zu den Aussiedlern gesellten sich arbeitslose Landarbeiter, ebenfalls aus dem Inneren des Landes. In den Armenvierteln nahe dem Hafen, die von Kriminalität und Prostitution beherrscht waren, fingen diese Leute ein zweites Leben an." Irina blickte sich kurz um. Sie hatte mit Inbrunst zu uns gesprochen. Wir saßen im Kreis um sie herum, alle waren mucksmäuschenstill und guckten sie gebannt an, niemand wirkte gelangweilt. So erzählte sie weiter: „Vor diesem Hintergrund wurde der Tango Argentino geboren. Es muss um 1880 gewesen sein. Auch wenn der Tanz heute weltweit anerkannt ist und zum Weltkulturerbe gehört, dürfen wir nicht seine Wurzeln vergessen, die in den Elendsvierteln von Buenos Aires zu finden sind!", ermahnte uns Irina. „Ich will euch damit nur sagen, dass die Entstehung und der Einfluss auf den Tango Argentino so vielfältig sind wie das Blut und das Elend der vielen Einwanderer. Der Tango Argentino ist also viel mehr als nur ein netter, erotisch anmutender Gesellschaftstanz oder eine hübsche Melodie, nein, er verkörpert in seinem Kern das Leid, die Not und die Leidenschaft der damaligen Hafenbewohner, der Porteños. Vergesst das beim Tanzen nie!"

Noch nie zuvor meinte ich, den Sinn des Tangos und die Beweggründe seiner Schöpfer derart verstanden zu haben. Mit meiner Wahl von Buenos Aires lag ich also gar nicht so daneben. Wenn die Stadt in ihrer heutigen Bestimmung von Flüchtlingen und Verfolgten geformt wurde, ist es offenkundig, dass die Nostalgie und die Sehnsucht dieser Menschen in der kulturellen Ausprägung der Stadt ihren Niederschlag finden. Natürlich auch die traurige Tatsache, dass diese Menschen damals ihr Land, ihre Kultur und ihre Volksgemeinschaft ungewollt verlassen mussten. Und genau hier hatte der Tango seinen Ursprung: Nostalgie und Schwermut als Ausdruck der verlorenen Heimat. Also wurde der Tango zu einer Art Heilmittel, um die verlorene Identität zurückzugewinnen. Im Tanz und in den Melodien des Tangos fand der Porteño die durch seine erzwungene Migration verlorene Identität wieder. Tango war zu einer neuen Heimat der Geflüchteten geworden.

Hatte ich mich in den letzten Tagen womöglich vom Heimweh der Porteños anstecken lassen? Vielleicht faszinierte mich dieses zusammengewürfelte Volk seit Jahren, weil ich selbst, durch meine Geburt in China, eine Vagabundenseele in mir beherberge und dadurch immer wieder nach einer „wahren" Identität suchte, genauso wie dieses Volk.

„Meine Lieben", hörte ich Irina erneut sagen. „Dies war nur ein Ausschnitt aus einer Welt, die facettenreicher nicht sein könnte. Mehr will ich euch jetzt nicht an Information zumuten. Nur einen Namen solltet ihr euch heute schon merken: Astor Piazzolla, ein Tangogenie, das für eine neue Stilrichtung steht. Im richtigen Moment wird er euch begegnen, genauso wie die Schutzpatronin Santa María del Buen Ayre. Aber das ist eine andere Geschichte. Wenn ihr die versteht, dann werdet ihr das Wesen von Buenos Aires und somit seine Tangowelt noch ein Stückchen besser begreifen. Danke für eure Aufmerksamkeit. Und nun auf zum Tanz!" Irina machte eine Kehrtwendung und drehte uns den Rücken zu. Sich selbst betrachtete sie in einem Spiegel, der die gesamte Wand bedeckte. Dank ihrer gespannten Haltung schien sie im Rückgrat nach oben zu wachsen. Innerhalb von Sekunden wirkte sie doppelt so groß. Abrupt drehte sie sich um die eigene Achse. „Tango ist nichts anderes als Gehen. Geht also, geht durch den Raum und beobachtet, was passiert!" Sie begann als Erste zu gehen. Ihre Arme schwangen im Fluss ihres Gangs mit. Wir machten es ihr nach. Sie schaute uns auf Beine und Arme und korrigierte jeden.

Nach der Geh-Übung folgte der *ocho*, eine viel getanzte Drehung, bei der die Frau durch eine Änderung der Drehrichtung seitens des Mannes mit ihrer Schrittfolge eine Acht auf das Parkett zeichnet. Als Irina den *ocho* mit einem imaginären Partner vor dem Spiegel graziös vortanzte, erkannte ich die Figur wieder. Damals im Tango Hostel Luna Llena hatten Anna und Raúl den *ocho* geübt. O Schreck lass nach! Als Nächstes waren wir dran. So ganz einfach sollte es nicht werden, den *ocho* ohne einen Partner, der einem Halt verleiht, aufs Parkett zu legen. Meine Straßenschuhe trugen nicht gerade zum besseren Gleiten bei. Aber ich gab nicht auf, sondern übte die Achterdrehung hartnäckig unter der Aufsicht von Irina.

Ihren Unterricht verließ ich mit neuen Anregungen und einer gestrafften Haltung. Ich beschloss, mir zum dreißigsten Geburtstag Tangoschuhe zu schenken.

„Wie schön, das du geboren bist, wir hätten dich sonst sehr vermisst. Wie schön, dass wir beisammen sind, wir gratulieren dir, Geburtstagskind!", sang eine bekannte Stimme durchs Telefon, als ich noch verschlafen den Hörer abnahm. Gut gelaunt rief meine Mutter Marlene in den Hörer: „Herzlichen Glückwunsch zum Dreißigsten, Püppi!" Plötzlich hellwach vor Freude, nahm ich die Glückwünsche aus Deutschland entgegen. Natürlich, es war der achtzehnte März! Gestern hatte ich Irina kennengelernt und beschlossen, mich mit Tangoschuhen zu beschenken. Ich erzählte meiner Mutter von dem

Vorhaben und der tollen Stunde. Kaum hatten wir das Gespräch beendet, klingelte es erneut – diesmal an der Tür. Es war Paula, die mit einem rotem Herz-Lolly im Türrahmen stand: „Herzlichen Glückwunsch, *amiga*! Hab mir heute freigenommen, wir gehen shoppen! Die Tangoschuhe warten schon auf dich!"

Glücklicherweise fiel mein Geburtstag auf meinen bürofreien Tag. Wegen fehlender Ausbildung und mangelhafter Kenntnisse als Sekretärin empfand ich mich dort mittlerweile sowieso fehl am Platz und war in den letzten Wochen nur ungern in das Büro der Baufirma gegangen.

Wir suchten die Küche auf, wo ich uns den Grüntee meines Bruders zubereitete. Das Handy klingelte. „*¡Feliz cumpleaños Liza!* Herzlichen Glückwunsch zum Geburtstag, Liza", hörte ich eine bekannte Männerstimme sagen. Es war Damian. „Heute Nachmittag um fünf Uhr bei mir!" Bevor ich antworten konnte, hatte er schon wieder aufgelegt. Typisch Damian!

Gut gelaunt verließen wir die Wohnung. Die Sonne wärmte weich und angenehm, und der Himmel strahlte in tiefstem Meeresblau. Ein schöneres Geschenk hätte ich mir nicht ausdenken können. Wir nahmen den 111er ins Zentrum, ins mondäne Viertel Retiro. Dort sollten wir in den kommenden drei Stunden mindestens dreißig Paar Schuhe anprobieren. Im eleganten *Comme il Faut* beriet uns eine Verkäuferin mit prächtigen roten Locken und einer maßlosen Ausdauer. Um die zwanzig Paar Tangoschuhe zeigte sie uns unentschlossenen Mädels. So lange, bis ich endlich ein Paar fand, das mir gefiel. Es war schlicht, schwarz und mit niedrigem Absatz. Auch Paula kaufte sich Tangoschuhe. Goldschimmernd und mondän, waren sie ganz in ihrem Stil.

„Komm, Damian wartet sicherlich schon! Lass uns ein Taxi nach Caballito nehmen!", rief ich ihr von der Ladentür aus zu. Über der Schuhwahl war es spät geworden. Als wir bei Damian ankamen, hatte sich die gesamte Familie im Patio mit Torte, Sekt und Girlanden versammelt. Mit großem *Hola* wurde das Geburtstagskind Liza empfangen. Bis abends tanzten, lachten und sangen wir alle, sogar Opa Alfredo tanzte mit mir ein Ründchen. Spät abends ging unsere Geburtstagstour weiter. Vom Haus Fernández aus fuhren wir mit dem Bus in das Viertel Colegiales. Tangolehrer und Vermieter Raúl hatte Paula und mich zu einem seiner monatlichen Abendessen eingeladen.

„Herzlich Willkommen!" Mit jugendlichem Schwung öffnete Raúl die Tür und bat uns in einen modisch gestylten Altbau. Im Wohnzimmer saß um den großen Tisch bereits die internationale Tangogruppe, aß und redete lebhaft. Nachdem sich die globale Runde mit einem Küsschen auf die rechte Wange – der Buenos Aires Code: ein Wangenkuss statt zwei, und zwar gleichberechtigt für Frauen und Männer – und einem sehr ausländisch klingenden *hola* begrüßt hatte, setzte der übliche, einfältige Small Talk ein: „So, where are you from? What do you do in Buenos Aires?", fragte die verführerisch dreinblickende Lady im Korsett aus Südafrika einen attraktiven älteren Mann mit Designerbrille, der ihr freundlich antwortete: „I'm from Hawaii and I'm here to dance Tango." „Oh, that's so great, me too!"

Könnte man nicht zur Abwechslung interessante Fragen stellen, um in ein Gespräch einzusteigen? Etwa so: Was meinst du zu den makrobiotischen Amöben im Golf von Mexiko? Oder: Was ist die unglaublichste Geschichte, die dir je im Leben passiert ist?

Wie ich nach der ausgelassenen Geburtstagsfeier mit Damians Familie und dem schönen Tag mit Paula erschöpft in einem von Raúls Polstersessel hing und mich mit Menschen aus aller Welt auf Englisch, Deutsch und Spanisch unterhielt, fühlte ich mich also der typischen Weltgemein-schaftskonversation müde. Seit die Expatriaten-Unterhaltung angefangen hatte, hatte ich aus Langeweile drei Teller Salat, vier Frikadellen und zwei hartgekochte Eier samt zwei Glä-sern Rotwein in mich hineingestopft und hing tief in den Polstern. Gerade als ich begann, vor mich hinzudämmern, klatschte Raúl in die Hände. „*¡Silencio, por favor!* Ich bitte um Ruhe. Mein Freund Fernando, der morgen nach Wien abreist, möchte euch zum Abschied einen Tango vorsingen." Die Runde von fünfzehn Gästen wurde leise. Fernando räus-perte sich. „Die folgenden Lieder widme ich unserem Gast-geber, seinem Land und dem Geburtstagskind unter uns."

Fernando, der sein dichtes, pechschwarzes Haar zu einem dicken Zopf gebunden trug, gehörte zu den Persönlichkeiten der Stadt, er war Opernsänger am berühmten Teatro Colón gewesen. Inzwischen lebt er in Österreich, wo er als Gast-sänger an verschiedenen Opernhäusern angeheuert wird. In unser Schweigen hinein trat ein vollkommener Tenor. Wir lauschten gebannt dem berühmten Tango von Astor Piazzol-la: *Siempre se vuelve a Buenos Aires.* Zurück nach Buenos Aires kehrt man immer.

Der bezaubernde Klang dieser argentinischen Melodie ließ mich erschaudern. Ich saß zutiefst gerührt und musste an Irinas Erzählung von den Sehnsüchten der Hafenleute denken. Fernandos Tenorstimme und die mitreißenden Tex-te der weiteren Tangos, die wie glückbringende Kolibris durch den Raum flatterten, nahmen die Herzen aller am Tisch für Buenos Aires und seine Menschen ein.

Inzwischen gefiel mir die illustre Runde und ich amü-sierte mich prächtig. Nach der üblichen Auswanderer-Blabla-Konversation verwandelte sich der Abend bei Raúl zu einem einmaligen Kultur-Event. Als ich um vier Uhr in der Früh ins Bett fiel, war ich glücklich und dankbar.

Einen schöneren dreißigsten Geburtstag hätte ich mir nicht vorstellen können.

Die Stadtbewohner wussten sicherlich vorher schon, dass sich die großen Avenidas nahe dem Regierungsgebäude Casa Rosada an diesem Tag mit vielen Menschen füllen würden. Dass es aber ein Volksauflauf aus Demonstranten und Menschenrechtsaktivisten werden würde, der an die vierzigtausend Quadratmeter besetzte, hätte niemand vermutet. Die gewaltige Menschenmenge demonstrierte ihre Ablehnung der Militärdiktatur, die von 1976 bis 1983 das Land terrorisiert hatte, und verkündete friedlich ihre Zustimmung zur Verurteilung der Verantwortlichen. Mit Parolen, Gesang, Tanz und Musik appellierte die Menge an die Vernunft der Gerechtigkeit. Es war der 24. März, Argentinien gedachte des Militärputschs von 1976. „Wach auf, Justiz, und wehre dich gegen das Unrecht!" „¡Nunca más! Niemals wieder!", skandierten die Versammelten voller Inbrunst und mit tausendfach erhobener Faust. Die Namen der Verschwundenen, der *Desaparecidos*, wurden immer wieder gerufen. Und jedes Mal antwortete die Masse im Chor: „¡Presente! Anwesend!" Der Wechselruf klang wie eine heilige Anrufung, die sich donnergleich in die Atmosphäre erhob und die dreißigtausend Verschwundenen für Augenblicke zurückbrachte. Natürlich waren die Madres de la Plaza de Mayo das Rückgrat der Bewegung. Sie, die Mütter und Großmütter, galten als die Herrinnen der Szene, kämpften sie doch seit Jahrzehnten ohne Waffen und Aggression um die *Desaparecidos*, um ihre verlorenen Kinder und Enkelkinder. Um die Kinder, welche während der Militärdiktatur gefoltert, verschleppt oder ermordet worden waren. An diesem Tag ging es auch um ihr Schicksal.

Viele der Enkelkinder der Mütter der Plaza de Mayo waren in den Folterzentren geboren und später unter falschen

Namen an regimekonforme Familien zur Adoption freigegeben worden. Was in der erschütternden Konsequenz bedeutete, dass Hunderte von Kindern – Kinder meines Alters – bis heute ahnungslos in fremden Familien leben. Und, schlimmer noch, womöglich in Familien, die verantwortlich für das Leid ihrer Eltern sind. Auch sie gelten bis heute als Verschwundene. Getrieben von der Mutterliebe, von Schmerz und einer außerordentlichen Willenskraft, kämpfen die Madres de la Plaza de Mayo seit 32 Jahren einen pazifistischen und wahrhaftigen Kampf gegen das Vergessen und für die Aufarbeitung der Gräueltaten der Militärdiktatur.

Eine Gänsehaut lief mir den Rücken hinab, wie ich mit Mariela mittendrin auf einer niederen Abgrenzungsmauer stand. Eingenommen von den kraftvollen und visionären Reden der *Madres* und umringt vom wogenden Menschenmeer, fühlten wir uns unmittelbar betroffen vom Geschehen. Plötzlich, als ich mich unwillkürlich umdrehte, tat sich vor meinen Augen eine in der Luft schwebende, endlos erscheinende Schneise auf. Sie war gepflastert von den Porträts der dreißigtausend Verschwundenen. In einer gelungenen Aktion hatten Aktivisten die Fotos der *Desaparecidos* auf eine blaue Folie gedruckt. Andächtig hielt eine endlos wirkende Menschenkette die Porträts über ihren Köpfen und trug die gewaltige Fotobahn vom Plaza del Congreso bis zur Plaza de Mayo, bis zur Hauptschlagader von Buenos Aires. Das Publikum antwortete mit brennenden Feuerzeugen und Kerzen. Die Szene vor mir, erhitzt durch den donnernden, in Kopf und Herz widerhallenden Ruf *¡Nunca más!* ließ mich erschauern. Ein tiefes Mitgefühl erfassten Körper und Geist.

Noch immer tief bewegt, ging ich am nächsten Tag zur ESMA, der Escuela de Mecánica de la Armada, im nördlichen Stadtteil Nuñez. Ursprünglich befand sich in dem Gebäudekomplex die Ausbildungsstätte der argentinischen Marine.

Unter der Militärdiktatur war der Ort zum geheimen Gefängnis und größten Folterzentrum des Landes umfunktioniert worden.

Eine liebenswürdige junge Frau namens Adriana begleitete mich zum neu eröffneten Kulturzentrum Centro Cultural de la Memoria Haroldo Conti, das sich auch auf demselben Gelände befindet. Adriana erklärte mir, dass es das Ziel des Verbandes sei, den Schreckensort in einen Ort der Kunst zu verwandeln, um den Verstorbenen in versöhnlicher und kreativer Anteilnahme zu gedenken. Wir betraten eine enorme, hoch gewölbte Halle, die in ihrer Weite nichts weiter als ein komplett demontiertes Auto beherbergte. Es war weiß gestrichen und in Einzelteile zerlegt, die separat auf dünnen Eisenstangen befestigt waren. Was wollte dieses seltsame Objekt aussagen? Adriana erklärte mir, dass das Automobil ursprünglich ein Ford Falcon war. In den Jahren des Terrors wurde dieses Auto aufgrund seines geräumigen Kofferraums dazu benutzt, Bürger mit vermeintlich umstürzlerischen Aktivitäten zu verhaften, entweder zu Hause, am Arbeitsplatz oder auf der Straße. Meistens verfrachteten die Schergen des Regimes die Aktivisten im selben Automobil in das Geheimgefängnis ESMA oder in andere Folterzentren außerhalb der Stadt.

Der Skulpteur Javier Bernasconi hatte zusammen mit anderen Künstlern den Ford Falcon zerlegt und so subtil und doch konkret ein Symbol verfremdet, das für die Verfolgung und Ermordung Tausender Unschuldiger steht. Das weiße, sezierte Automobil hatte sich mit jedem Einzelteil in meinem Bewusstsein festgefahren. Immer wieder sollte es vor meinem inneren Auge als warnendes Andenken an eine Epoche auftauchen, die, obwohl sie in der Vergangenheit lag, doch in der Gegenwart so präsent war wie die Gegenwart selbst.

April

Von Liebe, die durch den Magen geht

„So jung! Was für ein zartes Alter! Im Vergleich zu dir bin ich eine Oma", antworte ich José mit einem Lachen, als er mir offenbart, dass er vierundzwanzig sei. *„¡Que Oma mas sexy!* Was für eine sexy Oma!", entgegnet er mir mit einem spitzbübischen Grinsen. Beide müssen wir lachen, und das Thema Altersunterschied ist vorerst erledigt.

José war Musiker. Ich hatte ihn bei einem *asado* in seinem Haus in Lanús kennengelernt. Das typisch argentinische Grillen findet normalerweise sonntags mit Freunden oder der Familie statt. Lanús gehört zu Gran Buenos Aires, dem Ballungsgebiet mit vierundzwanzig Vorortbezirken, wo circa zwölf Millionen Menschen leben.

Ich erinnere mich noch genau an das Gefühl, wie ich mit dem grün-weißen Bus der Linie 37 vom Plaza Italia in den Vorort fuhr. Die abendliche Busfahrt kam mir vor wie eine Reise um die Welt, die niemals zu enden schien. Als ich gespannt aus dem Fenster blickte, wurde die Umgebung von Kilometer zu Kilometer unheimlicher. Vor mir taten sich dunkle Landschaften verlassener Fabriken auf, während die Straßen nur spärlich von schäbigen Straßenlaternen beleuchtet wurden. Revolutionäre Grafittis prangten kühn auf morschen Mauern.

„Bist du eigentlich schon mal aus Palermo rausgekommen?", fragte ich mich auf meiner Fahrt ins Nirgendwo. Und was, wenn José doch nicht so vertrauenswürdig ist? Was, wenn er eine Dummheit im Schilde führt? Dann wäre ich Unschuldige aus dem schicken Palermo ihm hier ausgeliefert. Ich hatte keine Ahnung, wo ich mich befand. Ohne Probleme könnte er mich verschleppen. Hatten mich nicht etliche Porteños vor zu viel Vertrauen gegenüber vermeintlich vertrauenswürdigen Argentiniern wie José gewarnt? Von Minute zu Minute fühlte ich mich beklommener. Besorgt blickte ich aus dem Fenster. Ich wusste nicht, dass Lanús zum südlichen Bezirk von Gran Buenos Aires gehört. Im Vergleich zum nördlich gelegenen San Isidro war Lanús Teil der ärmeren Vorstadtbezirke.

Aber schon bald durfte ich aufatmen. José hegte keine bösen Absichten. Im Gegenteil. Kaum hatte ich den Bus verlassen und war ein paar Meter den kaputten Bürgersteig entlanggelaufen, stand ich vor meinem Ziel.

Nachdem uns ein kleiner pummeliger Typ grummelnd die Haustür geöffnet hatte, musste ich als Erstes auf die Toilette. Anschließend betraten wir ein durch und durch künstlerisch anmutendes Haus, dessen Terrasse einem Bonsai-Garten glich. Überall standen Bottiche aller Art und liebevoll gepflegte Bäumchen in Töpfen auf Holzbrettern positioniert herum. Häuserwände, welche die Terrasse umgaben, waren mit überdimensionierten Pilzen, gelben Giraffen, horizontal gespiegelten Katzen und kindlich anmutenden Elefanten bemalt. Im Souterrain befanden sich zwei Räume. Der eine beherbergte ein Schlagzeug und ein kleines Studio, der andere das Atelier eines Mitbewohners. Schlagzeug und Studio mussten José gehören. Schließlich entdeckte ich noch eine Küche und ein buntes Bad. Sämtliche Möbel, Wände und Gegenstände waren mit Farbtupfern übersät, und dutzende Gemälde hingen als Patchwork an allen Wänden. Das Haus wirkte ziemlich heruntergekommen, zeigte sich aber voller Charme, ganz im argentinischen Stil.

Als ich in die Küche trat, stand mir ein großer junger Mann mit mandelförmig geschwungenen Augen gegenüber.

José. „Hallo, wie geht's? Schön, dich wiederzusehen", begrüßte er mich mit einem ansteckenden Lächeln auf den vollen,
bartumrandeten Lippen. Dann beugte er sich zu mir herunter, um mir den üblichen, einseitigen Begrüßungskuss auf
die Wange zu geben. Ja, er beugte sich zu mir herunter! José
war größer als ich! Welch eine Seltenheit! Auch ich begrüßte
ihn lächelnd, ohne meinen Blick von seinen sanften, kasta-
nienbraunen Augen lösen zu können. Wie bestellt und nicht
abgeholt stand ich zwischen Bad und Küchentür. Etwas an
ihm hatte mich eben verzaubert.

Als wir auf die Terrasse traten, duftete es so köstlich, dass
sich augenblicklich der Magen meldete. Auf der *parrilla*, dem
Grill, lagen Unmengen von Fleisch, die vor sich hin brutzel-
ten. Allen lief das Wasser im Mund zusammen.

Seit ich in Argentinien lebte, hatte ich mich von einer
Vegetarierin in eine überzeugte Fleischesserin verwandelt,
was an der außergewöhnlichen Qualität des Fleisches lag.
Auch wird es anders als in Europa zubereitet, was mir mehr
zusagt. Das überaus frische Fleisch wird über einem Holzkohlefeuer so lange gegrillt, bis es eine schöne knusprige
Kruste bekommt. Allerdings sollte ich nie die Euphorie verstehen, mit der Argentinier sowohl den Darm als auch die
Mägen, den Pansen, die Kutteln, die Leber und die Drüsen
der Rinder und Kühe verspeisen. Überhaupt scheint die Kuh,
bekanntlich in Indien als heilig verehrt, in diesen Breitengraden bloß ein in Stücke zerlegbarer großer Fleischbrocken zu
sein.

José kümmerte sich am Grill, der mit dem Schornstein
über dem Grillrost wie ein kleines Haus aussah, um das
Fleisch, während der pummelige Kerl unterdessen für alle
Fernet-Coca mixte. Es wurde reichlich gegessen, getrunken,
getanzt und gelacht. Eine laue Sommernacht beschenkte uns
mit viel Spaß und alle waren wohlgenährt und satt. Reggae-

Musik entspannte uns, während Giraffe, Katze und Elefant sich von den Wänden zu lösen schienen, um mit uns die Magie der Nacht zu zelebrieren. Behütet von einem dunklen Himmel, jaulenden Straßenhunden und einem Mond, der hell über uns wachte, verbrachten wir, schwebend zwischen Zeit und Raum, die Stunden bis zum Morgengrauen.

Da stand er nun vor mir, durch seine pure Anwesenheit ein Gefühl der Zärtlichkeit in mir provozierend. Ich konnte nicht anders, ich umarmte José zum Abschied, während ein warmes Gefühl sich in meinem Herzen breitmachte. In den kommenden Monaten sollte es, ohne dass ich mich dagegen wehren konnte, zu einer tiefen Leidenschaft anwachsen.

Nach der Grillparty im Hause José verspürte ich Heißhunger auf alles Essbare. Das *asado* musste mich esssüchtig gemacht haben. Ich bildete mir ein, durch das Essen entstünde eine Verbindung zu José. „Was ist mit dir los, Lisa? Du mampfst wie noch nie!", stellte Mariela fest, ohne zu begreifen, dass ich bis über beide Ohren verliebt war. Die gute Seite meines ständigen Hungers war, dass ich die Essgewohnheiten der Argentinier besser kennenlernte. Die schlechte, dass ich zunahm. Ich übte Hochverrat an Nutella, Lakritze und Gummibärchen und träumte von *dulce de leche*, dem nationalen Schmankerl aus Karamellcreme. Diese Milchkonfitüre ist eine so göttliche Gaumenfreude, dass der Verzehr neben Endorphinen bunte Feuerwerke auf der Zunge freisetzt.

Ich entdeckte die Tempel der Süße, die Eisdielen. Ihr großes Angebot, gemäß dem dominierenden Einfluss an Italienern in Buenos Aires eine einzige Verführung, sahnig und von raffiniertem Gusto. Viele der Dielen produzieren ihr Eis selbst, sodass die gekühlte Sahnemasse in den ausgefallensten Geschmacksvariation zu haben ist: *dulce de leche* mit Brownie, *dulce de leche* mit Schokostücken, *dulce de leche* mit Mandeln, *dulce de leche* mit *dulce de leche* ...

Ich begann mich jedoch um meine Gesundheit zu sorgen, galt doch bei allen Zuckerspeisen, je süßer und je mehr, desto besser. Mich wundert, dass die argentinische Bevölkerung nicht aus Diabetikern und Zahnlosen besteht. Eines wurde mir allerdings klar: Durch den Süßhunger entwickelten die Menschen eine Vorliebe für bittere Getränke wie Mate Tee oder Fernet, denn bekanntlich stellt Bitterkeit eine Balance zur extremen Süße her. Meine persönliche Balance zu den süßen Eisgelüsten schuf ich vorerst durch Herzhaftes, ich futterte mich durch alle Sorten von Empanadas. Diese Teigtaschen, die es frittiert und im Ofen gebacken gibt, sind ein salziger Genuss. An der Form der Empanada lernte ich ihre Inhalte zu unterscheiden. So besitzen die mit Mozzarella und Basilikum gefüllten Empanadas eine andere Prägung entlang des Teigrandes als die mit Hackfleisch oder Mais gefüllten.

So verbrachte ich also meine Arbeitstage mit Futtern, bis plötzlich die ersehnte SMS von José im Briefkasten meines Handys ankam. „Hast du Lust, morgen Abend zum Essen nach San Telmo zu kommen, mein Bruder ist im Urlaub? Ich koche für dich. So gegen 23.00 Uhr? Beso, Kuss, José."

Mein Herz klopfte schneller. José, Kochen und Essen, das waren die Stichworte, welche mich dieser Tage beflügelten. Ich sagte zu. Sofort wurde mein Blick in den Spiegel strenger. Ein Rendezvous stand bevor. Aber wie sah ich überhaupt aus?! Ab sofort wurde nur noch Obst gegessen. Wie lange? Bis morgen! So wird wenigstens der Bauch flach sein, wenn schon der Rest des Körpers unter den Folgen des Liebeshungers gelitten hat. Dass José mich um elf Uhr nachts zum Essen einlud, war nichts Besonderes. In einer Stadt mit derartig ausgeprägtem Nachtleben setzt man sich spät zu Tisch. Um zwei Uhr morgens etwas Essbares zu bekommen ist kein Problem. Im Gegenteil, am Wochenende sind die

Pizzerien der Avenida Corrientes um diese mitternächtliche Stunde proppenvoll, während der Gast um sieben Uhr abends gähnende Leere in den Restaurants vorfindet. Das Zeitmaß verschob sich in den eigenwilligen Sphären von Buenos Aires um drei bis vier Stunden gen nächsten Tag.

Aber was war bloß los mit mir? Warum mochte ich diesen José so gern? Vielleicht, weil er anders als die Porteños war, die ich bis jetzt kennengelernt hatte. Was unterschied ihn von diesen Männern?

Meine Freundin Paula kam mir in den Sinn. Sie hatte mir viel von ihrer Affäre mit einem verheirateten Argentinier namens Francisco erzählt. Ihr Liebesabenteuer musste etwas nervig gewesen sein, denn immer hatten sie sich heimlich in Stundenhotels, in *telos*, treffen müssen. Jedes Zimmer dieser „Hotels" ist auf kreative Weise für eine erregende Liebesnacht inkognito kreiert. Von überdimensionierten Duschen über Doktorstühle bis hin zu mittelalterlich dekorierten Zimmern, in denen Kutschen zur Lustfahrt einladen, sind den erotischen Fantasien keine Grenzen gesetzt. Allerdings kam Paula einmal aus dem Liebessaal *Poseidon* voller Wanzenstiche zurück.

Zog es mich zu José hin, weil er weniger machohaft als der Ehebrecher wirkte und weil er kein Stadtjunge, kein Porteño war, sondern aus Lanús kam?

Nachdem ich gefühlte vier Stunden meinen Kleiderschrank nach einer für das erste Rendezvous brauchbaren Klamotte durchsucht, diese zigmal an- und wieder ausgezogen hatte, bestieg ich den 152er, der mich ins Viertel San Telmo brachte. Als ich die breite, gelb beleuchtete Avenida Independencia entlangspazierte, um ein paar Empanadas zu kaufen, rief mich José an: „Kauf nichts ein, das Hähnchen brutzelt schon im Ofen!" „Okay, alles klar. Aber woher weißt du, dass ich was zum Essen kaufen will?" „Weil ich dich vom

Balkon aus beobachten kann. Dreh dich mal um!" Da stand er, gegenüber im ersten Stock, und winkte mir zu. Der Balkon, von dem aus er mich fröhlich begrüßte, gehörte zu einem der herrschaftlichen Bürgerhäuser, die nach französischem Vorbild im 19. Jahrhundert erbaut worden waren. Ich winkte zurück und lief zu ihm hinüber.

Es sollte ein aufregendes Dinner bei Kerzenlicht werden. Nach ein paar Gläsern Malbec, Verdauungswodka und üppig gefüllten Bäuchen fühlten wir uns beide beschwingt und beschlossen, übers Wochenende nach Cariló an der Atlantikküste zu fahren. In dem mondänen Ferienort besaß sein Onkel Luis ein kleines Wochenendhäuschen.

Sofort fühlte ich mich dort heimisch, weil mich die Küste an die Urlaube meiner Kindheit denken ließ. Die rauen Wellen, die sich vom Wind gepeitscht mit Getöse auf dem Sandstrand brachen, erinnerten mich an die Nordsee von Belgien. Nicht grundlos hieß einer der hiesigen Orte Ostende.

Wohlhabende Porteños verbrachten in Cariló ihren Urlaub, und die noch Reicheren besaßen ein Haus am Meer. Hatte ich mir nichts mehr als einen einsamen Strandlauf gewünscht, wurde ich allerdings abrupt aus meinem romantischen Film geworfen. Nachdem wir eine Weile durch den Sand gelaufen waren, versperrte eine lückenlose Reihe von Jeeps und Four-Wheel-Kisten den Blick auf die Brandung. „Autos dürfen hier am Strand fahren?", fragte ich José erstaunt. Er antwortete mir mit einem verdrossenen Nicken. Ungläubig schaute ich ihn an. Sich hier zu sonnen erschien mir wie ein Sonnenbad auf einer asphaltierten Autobahn. Den Hauptstädtern reichte es anscheinend nicht, sich den ozeanischen Wind um die Nase wehen zu lassen und groben Sand zwischen den Zehen zu spüren. Sie brauchten fortwährend Adrenalin-Kicks, um sich entspannen zu können. Verbarg sich in diesem Freizeitverhalten etwa eine Sucht, verursacht vom 24-Stunden-Zirkus Buenos Aires?

Instinktiv hielt ich mir die Ohren zu, weil der Funpark so dröhnte. José guckte mich entgeistert an, und beide mussten wir lachen. Er fühlte wie ich, auch er hatte sich einen Strandspaziergang anders vorgestellt. Wir beschlossen, in den angrenzenden Pinienwald zu flüchten und erst abends zum Strand zurückzukehren. Allerdings hatte der Strandradau auch eine gute Seite: Ich hatte José meine käseweiße Haut nicht im Bikini präsentieren müssen. Im Kontrast zu den braun gebrannten, meist makellosen Körpern der Argentinierinnen kam ich mir wie eine gepellte Weißwurst vor. Die Schönheit argentinischer Frauen ist auffällig, auch wenn nicht selten etwas nachgeholfen wird: Der plastische Schönheitswahn ist in Argentinien so gängig wie das sonntägliche *asado*.

Nach unserem langen Spaziergang unter ruhig atmenden und sich im Wind wiegenden Pinien kamen wir hungrig im urigen Holzhäuschen des Onkels an. José setzte auf dem Gasherd Wasser auf, während ich *facturas*, Backwaren, die mit *dulce de leche*, Pudding oder Marmelade gefüllt sind, auspackte. Mit dem obligatorischen, auf keinem Ausflug fehlenden Teeset aus *bombilla* (Trinkrohr), *yerba* (Mate-Teeblätter) und *mate* (Gefäß) machten wir es uns auf den Treppenstufen der Veranda gemütlich. Als Dulce-Expertin tischte ich die *facturas* auf. Während José den Mate zubereitete, indem er frisches Wasser bis auf achtzig Grad erhitzte und eine kleine Menge auf die klein gehäckselten Mateblätter goss, wanderte die Sonne langsam gen Westen. Schweigend beobachteten wir das Lichtspiel und sehnten uns nach der angenehmen Abendkühle.

Zwar hatten Damian und ich oft zusammen Mate getrunken, aber erst durch die Art und Weise, wie José das

Einnehmen des argentinischen Nationaltrunks zelebrierte, verstand ich den tieferen Sinn dieser einmaligen kulturellen Errungenschaft, die auf die Ureinwohner Südamerikas zurückgeht. Ohne seine Mate-Dosis am Morgen, am Nachmittag und am Abend war José praktisch nicht existent. Nein, er trank nicht nur, weil er durstig war, sondern weil für ihn das Trinken von Mate ein Ritual darstellte, eine kulturelle Form der nonverbalen Kommunikation. Wie ein Joint, der herumgereicht wird, teilen Freunde, Familienangehörige und Bekannte das dem Grüntee ähnelnde Getränk. Einer nach dem anderen saugt sich den bitter schmeckenden Kräutertee durch ein Metallröhrchen in den Mund. Das Gefäß, in dem sich das grüne, krautartige Getränk befindet, kann aus Holz, einem kleinen Kürbis oder einem Kuhfuß gemacht sein. *Trinken wir gemeinsam Mate?* Auf diese magische Frage hin öffnen sich Welten. Eine umfassende Kultur der Verständigung kommt ans Licht. Ein Kennenlernen, eine Versöhnung, eine erste Kontaktaufnahme oder auch ein Flirt kann die Mate-Zeremonie bewirken. Mate wird überall konsumiert. Während der Auto- oder Busfahrt, am Arbeitsplatz, im Büro oder im Park. *Yerba Mate* ist auch verführerisch, besitzt es doch eine fantastische Eigenschaft. Es gibt nichts Besseres, als an einem extrem schwülen Sommernachmittag, nach der Siesta, wenn der Kreislauf am Boden liegt, Mate zu trinken. *Yerba Mate* – ein Hochgenuss und Fitmacher. Wie der Morgenkaffee haben die bitteren Blätter eine belebende Wirkung. Frauen sind davon überzeugt, dass sie durch Mate schlank bleiben oder schlank werden, denn Mate besitzt entwässernde Eigenschaften, und man sagt, das Kraut zügle den Hunger.

Aber Mate hat auch weniger angenehme Eigenschaften. Es wirkt aufputschend. Während ich am Mundstück des Metallröhrchens sog und den bitteren Geschmack auf der Zunge spürte, war ich überzeugt davon, dass es einen Zusammenhang zwischen den koffeinhaltigen Blättern und der allgemein herrschenden Ruhelosigkeit gab, welche die Städter dauernd quälte. Waren die Porteños aufgrund ihres hohen Mate-Konsums ein rastloses Völkchen, das unter Schlaflosigkeit litt? Noch niemand hat bedacht, dass diese Menschen andauernd von der „Droge" *yerba high* sind. Warum sollte man auch über etwas nachdenken, was einen festen Bestandteil der eigenen Kultur bildet? Es gibt kein Vertun: Die kollektive Droge der Argentinier, die neben körperlicher und psychischer Abhängigkeit Schlaflosigkeit zur Folge hatte, heißt *yerba mate*. Davon war ich nach drei Runden Mate überzeugt. Mein Herz raste, ich bekam einen Schweißausbruch nach dem anderen. Ohne Frage: Durch sein Koffein hat *yerba* wie Kaffee eine aufputschende Wirkung. Die Sensationen in meinem Körper waren der beste Beweis. War Mate womöglich doch ein Teufelszeug, das eine ganze Nation betrog, indem es ihr die Bettruhe raubte? José lachte laut und herzlich, als ich ihm mit einem Anflug von Ironie meine wenig fundierte Theorie über die Volksdroge *yerba* und die damit zusammenhängende Schlaflosigkeit darlegte: „¡Mucha mateína! Du bist verrückt!"

Nachdem das Mate-Ritual beendet war und die *facturas* verzehrt, liefen wir nochmals zum Strand. Der Motorenlärm und der Menschenauftrieb waren wie weggewischt. Jetzt beflügelte uns die wiederkehrende, niemals ruhende Bewegung der Wellen, die dem Rhythmus unserer Schritte entsprach. Es war wie eine unausgesprochene Übereinstimmung, die sich in ein Gefühl der tiefen Verbundenheit verwandelte und mich auf Erfreuliches hoffen ließ.

Am Abend brutzelte ein tellergroßes Steak auf dem Grill im offenen Kamin. Der kanadische Jazzpianist Oscar Peterson bot per CD seine Künste dar, und samtiger roter Malbec beflügelte die beiden Verliebten. „Essen ist fertig!", rief José fröhlich. Sobald ich in sein natürliches und offenes Gesicht blickte, wusste ich, dass ich diesem Mann vertrauen konnte. Glücklich probierte ich das herrliche Stück Fleisch, das mir José auf der Gabel darbot.

Auch José besaß einen Immigrationshintergrund. In seinen Adern floss zum Teil spanisches Blut. Von wegen: Die Frage nach der Herkunft war damit noch lange nicht beantwortet. Nein, sie begann jetzt erst richtig und stellte in Buenos Aires ein abendfüllendes Thema dar. Meistens gipfelte die Unterhaltung in der verlorenen oder scheinbar fehlenden Identität. Jeder Nachfahre eines Immigranten wusste von Anekdoten über gefährliche Seefahrten mit Hochseeschiffen, Armut, verlorenen Reichtum, Krieg und Neuanfang der Eltern oder Großeltern zu berichten.

Obwohl José nicht aus der *Capital* stammte, besaß er die so oft erlebte Herzlichkeit und Lockerheit eines typischen Porteño, die ich so mochte. Immer bereit für ein nettes Gespräch, ein Lachen oder eine hilfsbereite Geste. Gepaart mit einer ausgeprägten, nachahmenswerten Geduld. Ungeduld und Verbissenheit, das mögen Eigenschaften anderer Völker sein. Gelassenheit ist eine Eigenschaft der argentinischen Art. Dem pulsierenden Rhythmus ihrer Hauptstadt haben sich die Einheimischen gewiss nicht angepasst. Vermutlich verhielt es sich so, dass die Hauptstädter einen ausgleichenden Gegenpol zu ihrem eigenen Schutz entwickelt haben. Gleichmut und Gelassenheit sind demnach Resultat eines ausgeprägten Überlebenssinns. Aber woher stammen diese Eigenschaften? Vielleicht aus längst versunkenen Zeiten, als ihre mutigen Vorfahren die Meere und unwirtlichen Landstriche bezwangen, um es bis an die Mündung des Río de la Plata zu schaffen. Starre Überzeugungen, durchorganisierte Lebensmodelle oder nach Tagen, Wochen und Monaten strukturierte Kalender, das sind Schemata, die die Stadt in ihrer divahaften Art sowieso nicht zulässt. Die einzigen Szenen, in der die allgemein herrschende Duldsamkeit ihr Ende findet, ereigneten sich im Bus, wenn es um freie Sitzplätze geht, oder wenn einer sich nicht in die übliche Warteschlange einreiht, sondern drängelt. Doch das kommt höchst selten vor.

Durch die Nähe zu José lernte ich schon bald die vielen Feinheiten der argentinischen Lebenskunst besser verstehen. Seine Anwesenheit brachte mich seinem Volk näher.

Wir verbrachten zwei glückliche Tage an der Küste, entspannt und ruhig. Vor allem ruhig, denn nur noch abends liefen wir zum Strand hinab. Erstaunlich, wie erholsam das Lauschen der Stille sein kann! Das erste Mal seit Langem kam mein Geist wieder zur Ruhe, und wie von selbst öffnete sich mein Herz.

Zurück in Buenos Aires, traf ich meinen alten Freund Damian am Montag nach einem hektischen Arbeitstag. Wir hatten uns auf der Plaza Palermo Viejo verabredet. Der Platz im Herzen von Palermo Soho lag nicht weit entfernt von meiner Wohnung. Mit seinen hohen Palmen und seinem grünen Rasen war die Plaza der perfekte Ort, um Mate zu trinken, den letzten Sonnenstrahlen hinterherzublinzeln und Damian vom Wochenende zu erzählen. Geduldig kreiste der kleine Kürbisbehälter mit der *bombilla* währenddessen zwischen ihm und mir hin und her.

Nebeneinander saßen wir immer noch auf einer Holzbank und beobachteten mittlerweile die Leute der Umgebung im Dämmerlicht. Nach fast vier Monaten im Viertel kannte ich alle Nachbarn, die ihre Hunde ausführten. Links von uns, an den Steinbänken, dort, wo Hunde zugelassen waren, entdeckte ich die alte Frau aus dem Nebenhaus. Sie führte grade ihren Miniaturhund Gassi. Auf dem Weg zur Plaza traf ich die winzige Kreatur nicht selten mit Frauchen in der Sonne sitzend an. Der Liliputaner von Chihuahua hockte allerdings nicht artig auf seinen vier Minipfötchen, sondern lag wie ein winziger Bettvorleger auf dem Gehsteig. Entspannt, wie nur Tiere sein können, regte er seinen Minikopf genießend gen Himmel, während seine braunen Miniglubschaugen geschlossen waren. Nur wenn Eindringlinge es wagten, sein Territorium zu betreten, öffnete Seine Majestät die Glubschäuglein, um einen strengen Blick auf den Eindringling zu werfen. Sofort war dem Vorbeigehenden klar, wer im Hundekönigreich Malabia/Nicaragua das Sagen hatte. Was den Minihund, der mich an eine Kröte erinnerte, noch absurder machte, war der von Frauchen gehäkelte, bunt gestreifte Herbstrolli, den er gegen die Kühle am speckprallen Leib trug.

Die Bewohner Palermos haben eine sehr spezielle Beziehung zu ihren Vierbeinern. Wer etwas auf sich hält, besitzt einen Hund. Wobei die Devise gilt: Je hässlicher, desto beliebter. In Lanús gehören die Hunde der Straße, das wusste ich, seit ich José kannte. Anders im Zentrum, hier wird der Hund zum Partner oder Familienmitglied erkoren. Die große Mehrheit der Städter besitzt einen oder mehrere. Die Hundevorliebe gleicht einem Hundekult, denn es gibt nicht nur Hunde-Friseure, Hunde-Bibliotheken, Hunde-Kleiderläden, Hunde-Zubehörläden, Hunde-Optiker, Hunde-Kinofilme, Hunde-Babysitter, sondern auch Hunde-Psychologen. Kurz gesagt, der beste Freund des Porteño ist, neben dem Therapeuten, sein Vierbeiner. Gerade in Palermo gilt es als schick, einen Schoßhund an der Leine auszuführen. Klein, kleiner, am kleinsten. So klein, dass der Winzling mit jedem Windstoß davonzufliegen droht.

Außer den „süßen" Palermo-Hündchen bevölkert die Sorte der „Killerschoßhunde" meine Gegend. Eines dieser fragwürdigen Exemplare begegnet mir immer auf meinem Weg zum Supermarkt. Rambo, wie ich den braunhaarigen Köter mit seinen hysterischen Glubschaugen taufte, herrscht in einem jener grünen Blumenstände Ecke Paraguay und Armenia. Klein-Rambo ist viel zu bedeutungsvoll, als dass er sich am Boden aufhält. Die meiste Zeit thront er angriffslustig auf der Theke seines Herrchens und bellt nahezu jeden Kunden in die Flucht. Seine Augen drohen dabei, vor Anstrengung aus dem flachen Schädel zu ploppen. Der kleine Kläffer leidet anscheinend unter einer schweren Profilneurose, die ihn glauben macht, er sei viel gewichtiger als eine Ratte. Das führt dazu, dass er vor lauter hysterischem Bellen von der Aluminiumtheke fällt und im Schoß seines Herrchens landet.

Neben den Kötern von Palermo bereiten einem deren Hinterlassenschaften auf Gehsteigen und öffentlichen Plätzen Kopfzerbrechen. Der Entdeckungsfreudige sei gewarnt, nicht leichtfertig den Blick zu heben, um die heroischen Bauten zu bestaunen. Schon gar nicht in Palermo. Weder staatlich auferlegte Strafen für Hundebesitzer, die die stinkenden Haufen ihrer Lieblinge nicht beseitigten, noch abgezäunte Auslaufgehege in den Parks halfen das Problem zu beheben. Denn die Hundebesitzer freuen sich über den regen Stuhlgang und die gesunde Verdauung ihrer Liebsten. „Guck mal, was für ein schönes Geschenkchen der Kleine uns hinterlassen hat", hörte ich einmal eine Hundebesitzerin freudig zu ihrer Freundin sagen. Ein unglaublicher Euphemismus in Anbetracht des stinkenden Haufens, der mitten auf dem Pflaster des Gehwegs lag.

Es ist Sonntag. Der allwöchentliche Familientag. Ich bin bei Josés Opa zum *asado* eingeladen. Als ich in das Haus des 85-jährigen Gustavo trete, scheint sich die argentinische Seele vor meinen Augen zu materialisieren. Im Patio steht die Luft, es dampft und zischt. Alle Fleischsorten – Morcilla, Vacío und Chorizos – eines reichhaltigen *asado* garen auf dem großen

Grillrost über einem Holzkohlefeuer. Vögel in kleinen Holzkäfigen trällern eine beflügelnde Melodie. Übereinander gestapelt steht uraltes, baufälliges Gerümpel herum, wie die Ahnen aus einer anderen Zeit. Bananenstauden, Kautschukbäume und viele tropische Schlingpflanzen ranken aus den dunklen Ecken des geheimnisvollen Hinterhofs hervor. Mitten aus der Wildnis aus Pflanzen, Blechfässern und Holzbalken steigt mir ein unwiderstehlicher Fleischduft in die Nase. Gustavos Haus und Hof waren eine verwegene Rumpelkammer, aber auch ein Märchen, das bis oben hin voller Magie steckte. Während der Opa mein bisher köstlichstes *asado* kredenzte, erklärte er mir, dass seine Familie spanischer Herkunft sei und dass dies einen erheblichen Unterschied zu den italienischstämmigen Argentiniern ausmache. Mit mahnendem Zeigefinger sagte er, dass ein in Lanús Geborener kein Porteño sei und dass sich die geringe Distanz zur Hauptstadt sehr wohl auf Kultur und Verhalten der Menschen auswirke. Seine Worte bestätigten meine Vermutung über den Zusammenhang zwischen Urbanität und Mentalität. Josés Natürlichkeit rührte auch daher, dass er nicht aus der Herzkammer der Metropole kam. Seine korrekte Art, seine Pünktlichkeit und das ernsthafte Herangehen an alles wirkten fast deutsch. Nach Opa Gustavos Meinung waren diese mir so vertrauten Eigenschaften dem spanischen Blut, welches in seinen Adern floss, zuzuschreiben.

Aber was genau hatte der Opa mit seiner Feststellung gemeint, dass es einen enormen Unterschied zwischen Argentiniern spanischer und italienischer Herkunft gebe? Er hatte diese Behauptung nicht belegt und mich mit meinem Unwissen alleine gelassen. Immerhin aber war mir durch des Alten Erläuterung klar geworden, dass sich weder José noch seine Familie als Porteños ansahen und dass sie dies nicht als Makel empfanden. Nein, sie waren stolz darauf.

Mai

Zurück zum Ursprung –
Yogatango und präkolumbianische Geschichten

Um Mitternacht wollten José und ich den Bus in die nordwestliche Provinz Tucumán nehmen. Beide waren wir voller Vorfreude, denn wir hatten Urlaub! Allerdings mussten wir noch packen, aufräumen und unser Hab und Gut sicher verstauen. Immer noch hing der Ausflug am seidenen Faden, denn Bustickets besaßen wir auch noch nicht. Im übersichtlichen Köln wäre das Ganze in zehn Minuten erledigt gewesen. Aber nicht hier, wo der Weg von A nach B mindestens sechzig Minuten, wenn nicht noch länger dauert. *„¡Ponete las pilas!"*, rief ich José zu, der grade aus der Dusche stieg. Mein Zuruf war nicht gerade zimperlich, dafür sehr argentinisch. Ich hatte ihn aufgefordert, sich zu beeilen: „Wirf dir Batterien ein!"

Wir hätten noch ein paar Urlaubstage in der Stadt verbringen können, aber auf Josés Drängen hin, der Buenos Aires wie jeder Argentinier, der nicht aus der Hauptstadt stammte, meist unerträglich fand, entschieden wir uns, so schnell wie möglich zu verschwinden. Für unseren raschen Abgang hatte ich allerdings nicht bedacht, dass wir mitten in der Nacht den Überlandbus vom Busbahnhof in Retiro nehmen mussten. „Nicht Retiro, und das auch noch mitten in der Nacht. Das ist echt gefährlich!", sagte ich zu José, der mir lapidar *„¡No nos queda otra!* Es bleibt und nichts anderes übrig!",* antwortete. Der Busbahnhof ist berüchtigt für die angrenzende Villa 31, eines der Elendsviertel, die in Buenos Aires aus dem Boden schießen. Der Slum, Villa 31, ein gigantischer Koloss, besteht aus schmalen Gassen und wahllos verschachtelten Blech-, Ziegel- und Holzhütten, die zusammen ein Konglomerat von Kriminalität, Drogen und Prostitution ergeben. Eine Parallelwelt mitten im *Microcentro*, dem angesehenen Geschäftszentrum der Stadt. Ich kam mir auf unserem nächtlichen Weg nach Retiro vor wie bei einem Spießrutenlauf, gehetzt von den Dämonen der Megastadt. Irgendwie schafften José und ich es trotzdem heil in den Bus nach Tucumán.

Während unsere komfortable zweistöckige Couch langsam die breiten, nächtlichen Straßen entlangrollte, musste ich immer wieder aus dem Fenster auf die Häuserfronten schauen. Obwohl ich gerade dem stressigen Alltag entfloh, spürte ich bereits den Verlust der Metropole. So verließ ich die Stadt das erste Mal für längere Zeit und erwischte mich dabei, wie ich mich als einer ihrer elfeinhalb Millionen Einwohner fühlte. Auch stieg eine schüchterne Neugierde in mir hoch, Neugierde auf das mich bei unserer Rückkehr erwartende Abenteuer Buenos Aires. Wieder schaute ich aus dem Fenster, gerade glitt der majestätische Barolo-Palast vorbei. Und da wurde mir bewusst, dass ich „meinem" Moloch eine Ruhepause gönnen musste, damit er sich von meiner Kritik erholen und sich neu aufputzen könnte, um mir nach der Rückkehr seine anmutige Seite zu zeigen.

Dünn und hochgewachsen stand er da, im weißen Hemd, das sich grell von seiner dunkel glänzenden Haut absetzte. An einem zerfallenen Fort, nahe dem Berggipfel, stand er und blickte stolz in den blauen Himmel. Wie er reglos vor einer weiten, bis ins Unendliche führenden Kulisse aus Kakteen und Steppe stand, sah er aus wie ein Eingeborener, wie ein Nachfahre des Quilmes-Stammes. Alberto – ich schätzte ihn auf vierunddreißig – hatten wir an der seit 800 n. Chr. existierenden Quilmes-Ruinenstätte getroffen, und ohne zu zögern wurde er unser örtlicher Guide. Während wir die archäologische Stätte erforschten, teilte er sein detailliertes Wissen über das Quilmes-Volk mit uns. In den Pausen aßen wir Kakteenfrüchte, die er uns mit einem Klappmesser geschält und zurechtgeschnitten hatte.

Noch waren wir von der Hinfahrt, die von der Stadt Tucumán aus über enge Serpentinen hoch hinauf in die Kleinstadt Tafí del Valle geführt hatte, verzaubert. Dieser Zauber der nebligen, malachitgrünen Dschungelwälder hielt lange an. In Tafí hatten wir ein Auto gemietet und uns mit einem zugestiegenen Anhalter auf einer staubigen Piste durch weite Kakteentäler bis zur Ruinenstätte der Quilmes vorgekämpft. Zu unseren Füßen lag nun das Calchaquí-Tal der westlichen Provinz Tucumán.

Die Erzählungen Albertos, des Sohnes der Quilmes, die er uns am Fuße des Berges inmitten der Ruinen preisgab, ließen uns schweigen. Dass sich an diesem Ort vor Jahrhunderten, als die Spanier kamen, um Blut zu vergießen, die Quilmes-Frauen mit ihren Neugeborenen in den Abgrund stürzten, um nicht den Konquistadoren in die Hände zu fallen, trieb uns die Tränen in die Augen. Wir blieben bis zum Abend mit Alberto zusammen, denn seine Anwesenheit bereicherte uns. Manchmal redeten wir, meistens aber schwiegen wir, um melancholischen Gedanken nachzuhängen und die Kraft der jahrtausendealten Steinfragmente einer massigen, zerstörten Festung auf uns wirken zu lassen. Das Quilmes-Fort war ein trauriger und zugleich magischer Ort, dominiert von einem Bergstock, auf dessen Gipfel der Kazique, das Oberhaupt des Stammes, einst gethront hatte.

Das Volk der Quilmes trug ein schweres Schicksal auf seinen kriegerischen Schultern. Es hatte nicht nur die blutrünstige, lang andauernde Eroberung durch die Spanier zu ertragen, die am Ende seine Ausrottung besiegelte, sondern auch die Besetzung seines Landes durch die Inka im 14. Jahrhundert. Deutlich war der Einfluss der inkaischen Architektur an den Mauerkaskaden der ehemaligen Wohnstätte auszumachen. Die terrassenartige Anordnung der geschichteten Steinquader am Berghang erinnerte mich an die Ruinen von Machu Picchu in Peru.

Der finstere Tag, an dem die Spanier endgültig über das Quilmes-Volk triumphierten, markierte allerdings erst den Anfang ihres Leidens. Die Überlebenden des Massakers wurden verschleppt und aus ihrer Heimat verbannt. Gefesselt und erniedrigt, mussten sie zu Fuß Tausende von Kilometern bis in die Provinz Buenos Aires zurücklegen. Vom langen Marsch zu Tode erschöpft, starben viele im ungewohnt feucht-heißen Klima am Río de la Plata. Wer überlebte, wurde versklavt, bis auch der letzte Quilmes-Indianer gestorben war. Wenn ihr Körper an Hunger, Folter und Seuchen gestorben ist, dann starb ihre Seele gewiss an gebrochenem Herzen.

Das Schicksal des ausgerotteten Quilmes-Stammes lebt fort. Profan im Namen der bekanntesten Biermarke. Ja, der Name eines alkoholischen Getränks erinnert noch an das mutige Volk aus dem Norden. Ein Bier nach dem mutigsten Stamm der argentinischen Ureinwohner zu benennen grenzt an triumphierenden Hohn. Die stolzen Quilmes-Krieger würden sich im Grabe aufbäumen, wüssten sie um diese Demütigung. Würden die Liberalen dieser Welt nicht allesamt aufschreien, gäbe es ein Anatolien-Bier in der Türkei, ein Neger-Bier in den USA oder ein Juden-Bier in Deutschland? Ich kann nur hoffen, dass Otto Bemberg, der deutsche Einwanderer aus Köln und Gründer der Quilmes-Brauerei, aus reiner Unwissenheit den Namen Quilmes für seinen Gerstensaft wählte.

Engagiert und feinsinnig hatte uns Alberto nicht nur von dem blutigen Widerstand erzählt, sondern auch von der

Stammeskultur. Vom Pachamama-Fest am 1. August, an dem Kazique, Schamane und Volk der Erde mit Geschenken für ihre Gaben dankten, von schamanistischen Ritualen, vom heiligen Kondor und von präkolumbianischen Riten. Seine Erzählungen aus einer mir unbekannten Zeit faszinierten mich so sehr, dass mein Geist die ehemalige Bergfestung nicht mehr verlassen wollte. Er wollte bleiben, Vergangenes erforschen und jenseits der Stadt und ihrer Sprache Ruhe finden, um mit den Ahnen dieser faszinierenden südamerikanischen Erde Freundschaft zu schließen.

Schließlich zerschnitt ich das Band widerwillig, aber dafür rief ich mir ins Bewusstsein, dass dieser unsterbliche Ort gleich einer Botschaft in mir weiterleben würde. In der Nacht fuhren wir, beschützt vom Sternenhimmel über Tucumán, schweigend die einsame Piste zurück nach Tafí del Valle. Umringt von stummen, aufrecht stehenden Steppenbewohnern, den mannshohen Echinopsis-Terscheckii-Kakteen, blickte ich immer wieder durch das Autofenster Richtung Himmel und sah das erste Mal in meinem Leben ungetrübt und unendlich klar die Sternbilder der südlichen Hemisphäre mit dem legendären Kreuz des Südens am Firmament. Ein Augenblick wie gemalt, der den schwindenden Tag unvergesslich werden ließ.

Unsere Reise ins Landesinnere, die zugleich eine Zeitreise war, ließ mich den Unmut vieler Provinzbewohner gegenüber der *Capital* besser verstehen. Die tragische Geschichte der Quilmes war nicht die einzige ihrer Art. Auch im Süden wurden im 19. Jahrhundert während der Wüstenkampagne Conquista del Desierto, die unter dem Kommando des Kriegsministers und späteren Präsidenten Julio Argentino Roca stand, mutwillig Millionen Indianer ermordet. Heute ziert Rocas Kavallerie die eine, sein Porträt die andere Seite der Hundert-Peso-Note, die den höchsten Geldwert aller Noten darstellt. Am rechten oberen Rand des Geldscheins steht geschrieben: Argentinische Republik, in Einheit und Freiheit.

Waren diese grausamen, aber dennoch gefeierten Ereignisse vielleicht der Grund für den Unmut vieler Landbewohner? War womöglich der Name Buenos Aires zum Synonym für Gewalt, Dominanz und Repression geworden?

Seit den Anfängen der „zivilisierten" Welt, seit die Spanier das weite Land aufrollten, um das, was sie Barbarei nannten, durch ihr Christentum zu ersetzen, hatte die Stadt Santa María del Buen Ayre den Brückenkopf zwischen Alter und Neuer Welt dargestellt. Mit seinem strategisch bedeutenden Binnenhafen war sie das Tor zur Welt, wo expansionistische Pläne geschmiedet und wahllos über das Schicksal von Ureinwohnern entschieden wurde, die Tausende von Kilometern entfernt seit Jahrtausenden in Frieden lebten. Es machte keinen Sinn mehr, dass eine einzige Stadt, die auf einem anderen Planeten zu existieren schien, über Angelegenheiten ferner Provinzen bestimmte. Die verheerende, dunkle Seite der Medaille wurde sichtbar.

Ich hatte ins Landesinnere reisen müssen, um dieses neue Gesicht meiner Stadt zu erkennen, dabei hoffte ich doch auf ihre anmutige Seite. Stattdessen erblickte ich eine mutierte Visage, das Gesicht eines Kolosses, der gierig über alles bestimmte und alles verschlang, was ihm nicht passte, ohne am Willen von Menschen außerhalb seiner Sphären interessiert zu sein. Meine Stadt war arrogant geworden, vor allem in Hinblick auf Politik, Wirtschaft und kulturellen Fortschritt. Die dominierende *Capital* und die argentinischen Weiten – zwei Welten, die sich fremder nicht sein konnten!

Die Verschiedenheit der geografischen Sphären spiegelte sich ebenso in den Menschen wider. Während man dem Porteño nachsagt, dass er seine Gefühle ausdrücken und mit ihnen spielen könne, ein bisschen hysterisch und sehr italienisch sei, bezeichnet man den Inländer als hartgesotten, ernst und maskulin. Er sei jener Gaucho, jener „lonely cowboy", der einsam auf dem Grasland der argentinischen Pampa mit Pferd und Rinderherde lebe. War der Porteño das Kind der Stadt, so war der Gaucho das Kind der großen Ebene. Moment mal, bloß keine Schwarz-Weiß-Malerei!

Während unserer Reise nach Tucumán las ich das Buch „*El Interior*, Das Inland". Die Reportagen, gesammelt von dem aus Buenos Aires stammenden Journalisten Martín Caparrós, erzählen von seinen Reisen durch verschiedene Provinzen Argentiniens. Sie erzählen von einem Land im Land, von seinen Menschen und ihrer mannigfaltigen Kultur. Eindringlich, berichtet Caparrós vom „enormen Rest", der bis heute im kollektiven Bewusstsein der Hafenbewohner nur marginal existiert. Caparrós will die Vorurteile über die Landsleute „da draußen", die in den Köpfen der meisten Porteños herumspuken, überwinden.

Durch Lektüre und Reise lernte ich, dass die Provinzen nicht auf Gauchos, Chacarera-Folklore, Armut und Feudalismus zu reduzieren sind, sondern von einzigartigen Traditionen, fantastischen Mythen und beeindruckenden Einzelschicksalen zu erzählen haben. Gewichtiges schreibt der Journalist über den ewig existierenden Widerspruch zwischen Hauptstadt und Landesinnerem. Es muss ein stiller und manchmal auch lauter Kampf sein, der sich über Jahrhunderte hinzieht. Buenos Aires gegen den Rest der argentinischen Welt.

Als José und ich von der Reise zurückkehrten, fand ich eine veränderte Stadt vor. Oder war es gar nicht die Stadt, sondern mein Blickwinkel, unter dem ich sie sah? Mir fiel als Erstes der ungeheure Verkehr auf, der die Straßen im Schwitzkasten hielt. Vor allem das mobile Heer der Busse schien mir um einiges gewachsen. Was wäre diese Stadt ohne ihre *colectivos*, ohne ihre Busse, ohne ihr Hauptcharakteristikum? Wie wir ins Zentrum hineinfuhren, begegnete uns diese lärmende Armada aus abgasspeienden, altertümlichen Kisten auf vier Rädern, von denen circa hundertfünfzigtausend herumfahren. 150 000! Das sind mehr Busse, als viele Städte in Europa Einwohner haben! Die Busabgase sind unerträglich, trocknen die Schleimhäute aus und brennen in Augen und in der Lunge. Noch unerträglicher ist der Lärm. Wie viele Worte allein durch den ungebändigten Krach im ölig-heißen Motorenuniversum verloren gehen!

Eine weitere Unannehmlichkeit des Massentransports entdeckte ich nach zwei Wochen Abwesenheit. Als ich mit meinem ganzen Gepäck in den 152er auf der gewaltigen Einkaufsstraße Santa Fe einstieg, wollte ich mit einem Zwei-Pesos-Schein die Fahrt bezahlen. Vehement gab mir der Fahrer ein Zeichen, dass ich den Bus verlassen müsse, wenn ich nicht mit Münzen bezahle. Hilfesuchend schaute ich mich um, aber ich sah nur eine Horde sitzender Gaffer, die mich beäugte, ohne mir den Schein zu wechseln. Okay, auf dem Land hatte ich vergessen, dass man nur mit Münzen bezahlen kann. Aber was war auf einmal los? Waren die Menschen doch üblicherweise hilfsbereit und aufgeschlossen. Vor meinem Urlaub hatte ich schon erlebt, dass mir ein männlicher Fahrgast mit einem Peso für eine Kurzstrecke aushalf. Ohne eine Miene zu verziehen, hatte er beim Einstieg für die Señorita eine Münze in den Automaten geworfen. Schlagartig wurde mir nun klar, dass Buenos Aires sich verwandelte, sein Kleid wechselte, gemäß dem Betragen des Besuchers. Ich, die ich noch die großzügige Weite der Täler und Hügel von Tucumán in mir spürte, war wütend über die enge, stickige Großstadt. Meine Wut wahrnehmend, verschloss die Stadt ihr Herz vor mir. Je mehr Groll der Ankömmling in sich aufbaut, desto weiter rückt das Begehrenswerte weg.

Die Kleingeldbeschaffung stellt eine echte Herausforderung dar, denn ohne *monedas*, ohne Kleingeld, ist die Fortbewegung (außer mit der U-Bahn) unmöglich. Kein Fahrgast wird ohne die kleinen, runden Münzen in die Busgemeinschaft aufgenommen, das wurde mir am Tag meiner Rückkehr ins Gedächtnis gerufen. Ich fühlte mich, als sei ich Monate aus Buenos Aires weggewesen, als müsste ich sämtliche unausgesprochenen Regeln neu erlernen, als hätte sich vieles seit meiner Abwesenheit verändert.

Ich stieg also mit meinem ganzen Gepäck wieder aus, ließ den Bus wegfahren und ging wütend zum nächsten Kiosk, um meinen Pesos-Schein in Münzen zu wechseln. Die Kioskfrau guckte mich entgeistert an, hielt mir ihre Schatulle vor die Nase und zuckte wortlos mit den Schultern. Keine einzige Münze blinkte zwischen den Scheinen.

Das Münzbeschaffungsproblem ist nicht auf das Busfahren beschränkt. Es handelt sich um ein generelles Problem, das in sämtlichen Einzelhandelsgeschäften herrscht. Überall hängen Plakate mit der Aufforderung, beim Zahlen Rücksicht auf das fehlende Münzgeld zu nehmen, das heißt, passend zu bezahlen und nicht Wechselgeld zu erwarten. Natürlich ist die Aufforderung zur „Kollaboration" in Sachen Münzen komplett irrelevant, da der Geldbeutel der meisten Kunden nie münzschwer ist, genauso selten wie die Kassen der Geschäfte. Auch ist es üblich, anstelle einer geringen Wechselgeldsumme den geschuldeten Betrag in bunten Bonbons herauszugeben. Als mir das erste Mal Bonbons statt Münzen über die Theke gereicht wurden, suchte ich noch nach der versteckten Kamera. Mittlerweile hatte ich mich an den Naturalienhandel gewöhnt und nahm es auch nicht mehr so genau mit dem Nachzählen. Mal erließ mir der Kioskmann die fehlende Summe, mal ich ihm. Je nach Münzreichtum. Münzen sind nicht einfach nur Münzen, sie sind, auch wenn aus billigem Metall geprägt, Gold wert und jeder hütet die mühsam erjagten Taler wie Edelsteine.

Zum Glück sollten im folgenden Jahr wieder aufladbare Geldkarten eingeführt werden, die für Subte, Busse und Nahverkehrszüge gültig sind, und sich so das Münzproblem relativieren.

Hatte der Glückliche endlich seine Münzen beisammen, konnte er beruhigt einsteigen, aber er musste auf die nächste Anstrengung gefasst sein. Das Spektakel, wild durch die Stadt zu kurven, mit entspannendem Reggae in den Ohren und im Winter bei mäßigem Sonnenschein, konnte durchaus beschwingend sein. Meistens allerdings gestalteten sich Busfahrten ermüdend, laut und stickig. Laut nicht nur wegen der heulenden Motoren, sondern auch wegen der unentbehrlichen und ständig klingelnden Handys. Obwohl im Businneren wie auch draußen höllischer Lärm herrscht, sind die Fahrgäste nicht vom ständigen Telefonieren abzubringen. „Maaa, was gibt's heute Abend zu essen?" oder „Schatzi, bin schon auf dem Weg zu dir …" lauteten die gängigsten erlauschten Gesprächsfetzen. Auch wenn der Bus bis auf den letzten Zentimeter voll ist, ruft der Porteño seine Mutter, den Vater, seinen Freund, die Frau, Geliebte oder seine Geschwister an, um ein Schwätzchen in der Menge zu halten. Flüstern oder leises Sprechen sind unbekannt. Locker wird lauthals drauflosgequatscht, wie am Stammtisch in der Kneipe. Das Gute daran: Dem Unbeteiligten wird es nie langweilig.

Eine echte Herausforderung im öffentlichen Transport ist der Guide für den Kosmos der Blechkarossen. Ich will mal den Guide *Die Heilige Schrift von Buenos Aires* nennen. Die andächtige Lektüre dieser 192-seitigen Schrift kostete mich ein Jahr Studium, bis ich ihren Aufbau und Inhalt verstand. Manche Bekannte aus dem Hostel gaben schon nach wenigen Tagen auf und nahmen ausnahmslos die U-Bahn und längere Strecken zu Fuß in Kauf. Diese Bibel von Buenos Aires spiegelt die urbane Struktur wider: ein undurchdringliches, sich fortwährend veränderndes Labyrinth. Wer glücklicherweise aus diesem Dickicht herausfindet, der landet im Bermudadreieck, denn jegliche Straßenführung und -struktur scheint zwischen den dünnen Papierseiten zu verschwinden, nichts ist mehr auffindbar. Die verwirrenden Informationen, die das Büchlein enthält, sind genauso kurzlebig und unvorhersehbar wie die Stadt selbst. Denn wann kommt ein Bus schon dazu, die in der Busbibel vorgegebenen Straßen tatsächlich und täglich aufs Neue zurückzulegen, in einer Stadt, die dominiert ist von abgesperrten Straßen, Massenverkehr, öffentlichen Streiks und Bauarbeiten?

Die nächste Prüfung findet im Bus während der schaukelnden Fahrt statt, denn man muss sich trotz urbanem Wellenreiten orientieren. Woher bekommt der unwissende Fahrgast die Information, wo er den Bus verlassen muss? Die Infrastruktur gleicht der von New York: Von oben betrachtet setzt sich die Stadt aus unendlich vielen Quadraten und Rechtecken zusammen, die an ein Schachbrett erinnern. Ein Häuserquadrat, *una manzana*, ein Apfel, entspricht hundert Meter im Quadrat. Ein Block besitzt also die Länge von hundert Metern, und zehn Blocks entsprechen demnach einem Kilometer. Meistens hält der Bus pro Block ein Mal, also alle hundert Meter. Zum Glück kann man sich an den Hausnummern, die über die gesamte Straßenlänge aufsteigend oder absteigend sind, einigermaßen orientieren. Doch nur, wenn der Bus hält oder im Stau steht, kann man die Zahlen auf den Schildern gut erkennen, wenn man, so wie ich, nicht über Adleraugen verfügt.

Manchmal, wenn ich im 152er, meinem *Magic*-Bus saß – er bringt mich quer durch die Stadt zu allen gewünschten Orten wie von Zauberhand gelenkt –, fährt am Fenster die

Heimat vorbei: ein Laster, auf dessen weißem Aufbau in roter Schrift *Hamburg Süd* zu lesen steht. Solch eine Verrücktheit! Unerwartet wird ein Fenster nach Europa aufgestoßen, und du denkst, du bist dort drüben, in Europa. Bist du auch. Nur dass Buenos Aires überall ist, oder besser gesagt: Überall ist Buenos Aires. Ein Gigant, der London, Paris, Rom und Berlin in sich vereint. Seine ursprüngliche Identität jenseits der Klischees zu entdecken ist die subtilste Form der Annäherung. So ist Buenos Aires eine Hafenstadt, der man kaum anmerkt, dass sie eine ist, denn das Meer scheint so weit entfernt wie der *Hamburg Süd*-Gruß auf dem Laster aus der Heimat. Der enorme Industriehafen mit seinen aus aller Welt herangeschifften Containern, die aussehen wie Bauklötze einer bunten Legowelt, liegt am Ufer des Río de la Plata, also mitten im Zentrum.

Sich während der *hora pico*, dem Berufsverkehr, im Zentrum zu bewegen gleicht einem Mega-Event. Immerhin müssen jeden Tag vierzehn Millionen Menschen zur Arbeit und zurück transportiert werden. Die *hora pico* sollte jeder, der es sich leisten kann, meiden. Diese Warnung gilt vor allem für die Sommermonate von Dezember bis März. Wer sich trotz des Berufsverkehrs in die Subte verirrt, wird eingequetscht und schweißüberströmt eine preisgünstige Saunafahrt erleben. Im Sommer und im Winter ist es in der U-Bahn mindestens acht Grad wärmer als über der Erde. Das heißt, im Sommer herrschen in den fahrenden Waggons um die 45 Grad Celsius.

Sobald ich in die Unterwelt eintrete, schwitze ich am ganzen Körper. Unter der Decke der Tunnelgewölbe rotieren schmutzbraune Ventilatoren, groß wie Windräder. Sie quietschen, und ihr Drehgeräusch vermengt sich mit dem Geplapper von Fernsehmonitoren. Die Ventilatoren blasen mir die feuchtheißen U-Bahn-Dünste um die Ohren. Die langen

Haare fliegen ins Gesicht und bleiben dort kleben, weil die Haut schweißnass ist. Da fährt schon ratternd die Subte ein. Sobald ich eingestiegen bin, wird die Waggonluft durch die dicht gedrängten Menschenleiber nochmals um zwei unerträgliche Grad heißer. Heute ist der Wagen allerdings nicht allzu vollgepackt, sodass unbesorgt ein fahrender Jahrmarkt beginnt. Innerhalb von wenigen Minuten schieben sich Metromusiker – Sänger, Gitarristen, Trompeter oder alle zusammen als Band –, Bauchladenverkäufer mit Schnürsenkeln, Taschenlampen, Schlüsselanhängern und vielem mehr, aber auch Bettler und Malwinen-Kriegsveteranen durch den Gang, um Almosen zu erbitten. Ich versuche währenddessen mein Gesicht mit einem Taschentuch trocken zu wischen. Schon nach kurzer Zeit hängt der Papierlappen zerfetzt und durchnässt in meiner Hand. Unerwartet wird in meiner Nähe ein Sitzplatz frei. Ein Mann bietet mir den Platz an, obwohl nach einer informellen Regel derjenige das Sitzrecht hat, der am nächsten dran ist. Ich schaue dem Señor verdutzt ins Gesicht und schenke ihm ein schweißnasses Lächeln. Auch presse ich mir ein erschöpftes *muchas gracias* von den Lippen.

Heute lernte ich, dass es beim Ein- oder Aussteigen und bei der Sitzplatzwahl üblich ist, Damen den Vortritt zu gewähren. Wie in alten Kinofilmen wird der Lady ein Sitzplatz angeboten, die Tür aufgehalten, oder die Herren gewähren ihr den Vortritt beim Einsteigen in den Bus und den Zug. Die Männer der Stadt sind echte Gentlemen, dachte ich, als ich mich erschöpft auf den angebotenen Sitz plumpsen ließ. Ich muss bekennen, dass ich mich schnell und gern an den Gentlemen-Stil der Porteños gewöhnte. So reagierte ich bald empört, wenn sich ein Schnösel im Bus hinsetzt, anstatt der Señorita den Sitzplatz höflich anzubieten. *Na, Lisa, hast dich ziemlich schnell an den so verpönten Machismo gewöhnt, nicht wahr?*, neckte mich meine innere Stimme dann.

Steigt man verschwitzt aus dem Untergrund ans Licht, schlägt in der Oberwelt der allgegenwärtige Straßenverkehr wie ein Tsunami über einem zusammen. Autos fahren durch Buenos Aires in jeglicher antiker Ausführung und wirken wie eine Vintage-Parade. Aber eigentlich gehören sie nicht zur Oldtimer-Mode, sondern sind einfach nur alte, treue Gefährten. Altertümliche Chevrolets, Ford-Falcons, Renaults, Baujahr '79 oder noch älter, und eine Vielfalt an klapprigen alten Marken beglücken die Fantasie und die Avenidas.

Ein Führerschein ist billig und schnell zu bekommen. Damian hat seinen Führerschein sogar gekauft, ohne jemals eine Fahrstunde, geschweige denn eine Prüfung absolviert zu haben. Dieser Zustand ist allerdings nicht wirklich tragisch, da es sowieso keine Verkehrsregeln gibt. Nein, es gibt sie schon, nur beachtet sie kein Verkehrsteilnehmer, weswegen eine Prüfung reine Zeitverschwendung wäre. Eigentlich sind Ampeln und das Weißmarkieren auf dem Asphalt nur rausgeworfenes Geld, denn das Rotlicht und die Fahrspur werden selten ernst genommen. Der Verkehr regelt sich nach dem Puzzle-Prinzip: Alle hängen zusammen, als wären sie chaotischer Teil eines geordneten Ganzen. So gilt im Straßenverkehr: Je weniger Regeln, desto sicherer und schneller kommt man ans Ziel.

Das Thema Verkehr ist aufs Engste mit dem Thema Zeit verflochten. Zwei heikle Angelegenheiten, denn seit ich in Buenos Aires lebe, weiß ich, dass Zeit Mangelware ist, gerade wegen des überflutenden Verkehrs. Ihn gibt es im Überfluss, an Zeit mangelt es hingegen immer. Sie scheint schnelllebiger als in Europa, da hier die Beförderung langsamer und streckenmäßig weiter ist. Unser Tag bräuchte achtundvierzig statt vierundzwanzig Stunden, seufzen die Leute nicht selten. Inzwischen verstehe ich, was sie damit meinen. Die Organisation des Alltags ist ein nimmersatter Zeitfresser. Da fehlt das Wechselgeld, da herrscht das Chaos des Verkehrs, da demonstriert ein radikales Grüppchen, da ist ein Streik, und allerorts sind Baustellen, die auch zum bunten Puzzle des Stadtbilds gehören. Von einem Ende der Stadt bis zum anderen dauert es im Berufsverkehr bis zu drei Stunden – vorausgesetzt, man hat beim Durchwursteln viel Glück, denn Glück ist wichtiger als ordnendes Kalkül.

Was soll man gegen den 24-stündigen Blechstress unternehmen? Mein Vorschlag zur Entspannung: Yoga.

Als ich mit Yoga im Studio Valle Tierra in Palermo begann, entdeckte ich schnell, dass viele Tangotänzer Yoga nach der Ashtanga-Linie üben. Ashtanga, das auf den indischen Gelehrten Patanjali zurückgeht, fordert den Körper auf ähnliche Weise wie der Tango. Gleichgewicht, Ausdauer, Konzentration, Dehnbarkeit und vor allem die Atmung sind die Schlüssel zu einer fruchtbaren Praxis. Gleichgewicht und Konzentration benötigt der Schüler beim Yoga wie beim Tango gleichermaßen. Unterstützend trainiert Yoga die Koordination der Schritte, Figuren und Abläufe mit der Atmung. Während ich den Tango erlernte, vertiefte ich parallel meine Yoga-Praxis. Begannen wir mit der Grundübung, dem Sonnengruß, traten Körper und Bewusstsein schon bald in ein „Fließen" ein, das während des gesamten neunzigminütigen Übungszyklus' anhielt. Am Ende der Praxis vibrierte der warme Körper, und der Gedankenfluss wurde wie der wolkenlose argentinische Himmel – ruhig und klar. Sowohl beim Tango als auch beim Yoga überkommt mich ein Rausch an Lebenskraft, wodurch Gewohnheitsmuster aufgelöst werden und wie beim Jazz die Improvisation beginnt.

Das ist es, was Tango und Yoga vereint. Yogatango! Tangoyoga!

Juni

Tod und Kunst oder leben in meiner Stadt

Seit einem halben Jahr lebe ich nun schon in Buenos Aires. Aber woran merke ich eigentlich, dass ich mich wirklich eingelebt habe? Nun, es sind die erfreulichen Kleinigkeiten, die mir im Alltag widerfahren. Inzwischen begrüßt mich der Kioskmann um die Ecke herzlich mit Namen, ich gehe mit meiner Yogalehrerin Kaffee trinken, es finden kleine Schwätzchen über die neuesten Neuigkeiten mit Gemüse- und Zeitungsmann statt, während meine Kosmetikerin mir eine Pediküre verpasst, halte ich Englischstunden mit ihr ab, und auch die Jungs der Videothek wollen sich mit mir über deutsche Filme austauschen. Daneben ist das Gefühl des *Eingelebtseins* aufs Äußerste mit der außerordentlichen Herzlichkeit und Entspanntheit der Menschen verbunden. Immer ist Zeit für ein *Hallo, wie geht es dir, alles gut? Das freut mich!* und für ein freundliches Lächeln.

Die Nachbarschaftsfreundschaft mit dem Kioskbesitzer Robi, einem großen schlanken Herrn mit grauem, fliegendem Haar und wachen braunen Augen, der vor seinem Kiosk in der Sonne zu sitzen pflegt, um zu lesen, begann mit einer Geste. Eines Tages, als ich Kaugummis bei ihm kaufte, fehlte es Robi an Wechselgeld. „Keine Sorge, wenn du das Geld irgendwann passend hast, dann bring es einfach vorbei." Ich nickte. Als ich bereits nach einer Stunde wieder mit dem Wechselgeld im Büdchen stand und es ihm mit ausgestrecktem Arm und einem Lächeln über die Bonbon-Theke hielt, strahlte er mich mit sprühenden Augen an. „Siehst du, so seid ihr Deutschen. Die Zuverlässigkeit in Person."

Seit dieser Begegnung wartet er nur darauf, dass ich auf ein Schwätzchen vorbeikomme, und seither ist es für mich unmöglich, zum Bus zu gehen, ohne einen Plausch abzuhalten. So fand ich bald heraus, dass er ein fanatischer Beatles- und Deutschland-Fan ist. Seine Tochter heißt Astrid, wurde im deutschen Krankenhaus von Buenos Aires, im Hospital Alemán, geboren und geht auf eine deutsche Schule. Er war es auch, der mir euphorisch von damals erzählte, als die Beatles in Hamburg ihre Karriere starteten, und dass bei ihrem ersten Auftritt im Liverpooler Cavern Club die Fans dachten, sie seien Deutsche. Als müsse er sein Wissen mit Sang und Klang verifizieren, stülpte mir Robi die Kopfhörer seines MP3-Players über die Ohren und erzählte mir, dass die Beatles eine komplette LP mit Songs auf Deutsch aufgenommen hätten. Aufmerksam beobachtete er mein von den Kopfhörern umrahmtes Gesicht, während ich erstaunt den in meiner Muttersprache singenden Beatles lauschte. Mittlerweile hatten sich in meinem Rücken vier Kunden aufgebaut, was Robi nicht im Geringsten störte. Nicht schlecht staunte ich über die deutsch singenden Popgiganten und hatte an diesem Tag wieder mal etwas Neues über mein Land gelernt.

Am Tag darauf treffe ich Robi in meiner Videothek gleich um die Ecke an. Dort begegnen wir uns immer, wenn er keine Lust hat zu arbeiten. Dann besucht er die Jungs von der Straße Malabia, um mit ihnen über großes Kino zu philosophieren. Er rief mich mit strenger Miene zu sich: „Weißt du, was auch deutsch ist?" Ich zuckte die Achseln. „Dass du das letzte Mal das Peugeot-Taxi hast durchfahren lassen, dafür aber das VW-Taxi angehalten hast." Erstaunt blickte ich ihm ins Gesicht, ob er wohl scherzte. Aber er meinte es ernst. Ich musste herzhaft lachen. Was für eine absurde Annahme! „Du meinst, ich verschmähe ein Franzosen-Taxi aus dem einfachen Grund, weil es kein deutsches Auto ist. Aber Robi!", antwortete ich ihm mit einem Kopfschütteln. Wir standen mitten in der vollen Videothek und alle amüsierten sich über unser Geplänkel. „Weißt du, Robi", beendete ich unser Gespräch, „wir Deutschen mögen vielleicht ignorant sein, aber solche *boludos* sind wir dann doch wieder nicht!" Alle lachten, und ich konnte in Ruhe einen Film aussuchen.

In Wirklichkeit hatte ich das VW-Taxi dem Peugeot aus Sicherheitsgründen und nicht aus patriotischer Markenbesessenheit vorgezogen, denn der Peugeot war ein „schwarzes", ein Pseudo-Taxi. Es ist sicherer, Taxis mit dem gelben Leuchtschild *Radio Taxi* auf dem Dach zu nehmen, da diese registriert sind.

Auf einer Taxitour kann man von den Fahrern, die als ziemlich konservativ gelten, allerlei schräge Geschichten hören. Zum Beispiel, dass in den chinesischen Supermärkten nachts aus Sparsamkeitsgründen der Strom ausgeschaltet wird, wodurch auch die Kühlung ausfällt und in den Truhen die gefrosteten Lebensmittel zumindest antauen. Dazu muss man wissen, dass Chinesen in Buenos Aires Supermärkte und Waschsalons *en masse* betreiben; mindestens so zahlreich wie Iraner Kioske in Köln.

Selbst wenn man in den Chinesenläden sehr kühl, beinahe schon frostig behandelt wird, das Chinaspanisch praktisch nicht versteht und die seltsamsten Gerüchte über kuriose Sparmethoden in der Stadt kursieren, bin ich doch ein viel gesehener Gast im Chinesensupermarkt um die Ecke. Das, weil Chinesen zu arbeiten wissen, statt ein Schwätzchen zu halten. Vielleicht ist dieser Arbeitselan nicht so sympathisch wie die argentinische Variante, dafür geht aber alles ruckzuck. Ich entdeckte durch meine Einkäufe, dass Chinesen im Vergleich zu den Einheimischen viel mit Deutschen bzw. mit Vorurteilen, die in Argentinien gegenüber Deutschen gehegt werden, gemein haben: Sie sind fleißig, gefühlskalt, schnell bei der Hand, konzentriert und ausdauernd. Argentinier dagegen trinken lieber Mate, amüsieren sich, halten ein Schwätzchen und sind um einiges freundlicher.

Neben den erfreulichen Nachbarschaftsbeziehungen und Schwätzchen, die täglich abgehalten werden, ist mein Viertel Palermo Soho eine Meile mit lustig-bunten und verrückten Geschäften. Wobei der Namensgebung keine Grenzen auferlegt sind. Warum soll man ein Parkhaus nicht *Buddha Parking* nennen und einen Supermarkt nicht *Cariño, Liebchen*? Das Lädchen in der Nähe meiner Wohnung, wo das Werbebanner draußen über der Tür in die *Welt der Windeln* einlädt, ist bemerkenswert. Schon von Weitem sieht der Stuhl- oder Blasen-Inkontinente, dass er hier Windeln für kleine und große Menschen und sicherlich auch für Hunde finden kann. Einzigartig sind auch die Geschäfte namens *ferretería*, sie sind so etwas wie Eisen- und Haushaltswarenläden. Allerdings signalisiert dieser Name nur dürftig die Vielfalt der angebotenen Gegenstände. *Ferreterías* sind Allzweckläden, deren Sortiment den Kunden schon aus der Entfernung elektrisiert, denn es hängt in seiner ganzen Üppigkeit draußen an der Fassade. Ein richtiges Panoptikum aus Klobrillen, Sonnenstühlen, Bügelbrettern, Gummistöpseln, Rohrreinigern, Plastikeinkaufstaschen, Klebstoffen und -bändern, Schraubensammlungen jeglicher Art und Form, Leitern, Kabeln, Zangen und, und, und. Ich habe den Verdacht, dass sich die Unter- und Reizwäscheläden der Stadt die Aufhängmethode der *ferreterías* abgeguckt haben. In diesen Lady-Shops baumeln Silikon-BH-Einlagen, Still-BHs, Spitzen-BHs und schwarze wie rote Reizhöschen unter der Decke, kunstvoll drapiert. Verlockende Unterwäsche wird reißerisch im Schaufenster ausgestellt. Besondere Mühe gibt sich der kleine Wäscheladen auf dem Weg zu meiner Bank. Er liegt direkt an der

Plaza Güemes. Jeden Monat schmückt eine „reizend" neu eingekleidete Schaufensterpuppe die Vitrine. Gerne ging ich auf meine Bank, denn so bekam ich innerhalb von drei Monaten eine Krankenschwester-, Polizistinnen- und eine Häschenmontur zu sehen.

Abgesehen von dieser Sorte Geschäfte, sind Palermo Soho und Hollywood mondäne Viertel kleiner Boutiquen, Künstlerateliers, Designerläden, schicker Restaurants, Galerien und Hunde-Shops. Mein geliebtes Palermo ist ein Bohemien-Viertel, das sich aus einstöckigen alten Kolonialhäusern, den *propiedades horizontales*, und neuen, mächtigen Betonhochhäusern formiert und mit grün bepflanzten, gepflasterten Straßen und Gassen durchzogen ist.

Ein Auge auf, ein Auge geschlossen; ich sitze in meinem Lieblingscafé mitten in Palermo. Mit dem offenen Auge sehe ich über mir blauen Himmel und Palmenwedel, hinter denen Sonnenstrahlen hervorblinzeln und mit harmlos-transparenten Wolken spielen. Das geschlossene Auge schaut nach innen und erfährt eine angenehme Ruhe. Meine Ohren hören Kinderlachen, Papageienschreie und Drehorgelmusik, die vom Karussell zu mir herüberwehen und mich an meine Entdeckungsreisen durch Argentinien erinnern. Bereits im Sommer, vor sechs Monaten, entdeckte ich diesen Ort, die Plaza Palermo Viejo, und erkor sie zu meinem Stammplatz. Der Platz, zu dem ich immer wieder zurückkehre, trägt viele Namen: Plaza Armenia, Plaza Costa Rica, Plaza Palermo Soho. Ich will ihm den Namen *Cuadrado Magico*, Zauberquadrat, geben, denn so viel bedeutet er mir. Mein Zauberquadrat liegt im Herzen von Palermo Soho, eingeschlossen von den Straßen Malabia, Costa Rica, Armenia und Nicaragua. Ich gebe zu, er liegt vor meiner Haustür, und wenn ich es bequem haben will, laufe ich in Flip-Flops hinüber zu dem grünen Fleck mit den hoch gewachsenen Palmen und dem umlaufenden Gitter, damit kein Hund mein Wohnzimmer verdrecken kann. In den Cafés, Bars und Restaurants, die um den Platz herum aufgereiht sind, ist immer was los. Familien treffen sich auf der Plaza; Kindergeschrei; es wird Mate herumgereicht; Jung und Alt kommt ins Gespräch. Sonnenanbeter, knipsende Touristen, hektische Sportler, Akrobaten, bärtige Dichter, Guardians in Uniform und Eisverkäufer finden zusammen. Für jeden Besucher hält der Platz eine Botschaft bereit: Für die Kinder ist er eine sonnige Märchenwelt, für mich ein Zauberort mitten in meinem Viertel.

Spät erst im Jahr, nach einem längeren Erkenntnisprozess, offenbarte sich mir das zweite Gesicht Palermos. Auch wenn ich dieses Viertel immer noch für ein Viertel mit hoher Lebensqualität erachte, begann mein innerer Kritiker irgendwann aufzubegehren. Ihm fiel auf, dass der Service oftmals kundenfeindlich und die Kombination aus absurd teuer und qualitativ minderwertig nicht wirklich erfreulich ist. Obwohl das Viertel vierundzwanzig Stunden lang vibriert, verspürte ich eine Leere. Im Laufe der letzten Jahre, seit der Wirtschaftskrise von 2001, hat sich Palermo zum glamourösen Palermo Soho und Hollywood gemausert und die Alltäglichkeit eines normalen gewöhnlichen Wohnviertels verdrängt. Gewiss, eine anfangs prickelnde Entwicklung, die letztendlich aber eine Mutation durchlaufen hat: vom originellen Künstlerviertel hin zur *trendigen* Shopping Mall, in der seelenlosen „Lounge Bars" mit seelenloser „Chillout"-Musik dominieren und überschwänglich tätowierte Kellner, die eigentlich Designstudenten aus Kolumbien sind und keine Ahnung vom Kellnern haben, gelangweilt auf ihren Feierabend warten. Resultat des neuen Blickwinkels war, dass man mich nun öfter im Nachbarviertel Almagro antraf, dort ist die Atmosphäre noch authentischer als im hippen Palermo Soho.

Aber meine kritische Wahrnehmung störte die Harmonie mit meinem Viertel und mit meiner Stadt nicht wirklich. Diese Megacity und ich, wir waren nun ein eingespieltes Paar, das sich gegenseitig inspirierte. Tagaus, tagein fordern wir uns täglich aufs Neue heraus. Wir reden viel, wir debattieren miteinander. Wir tanzen immer noch, und auch wenn der Tanz manchmal erschöpfend ist, ist er eine Bewegung voller Erfüllung, die ich nicht mehr missen will.

Buenos Aires weint. Ich dachte, sie lacht, die Stadt, und freut sich dieser Tage, aber nein, heute weint die Königin. Gestern starb Soledad, Damians Schwester, an Krebs. Schon damals im Dezember, als sie mit Diego, ihrem Ehemann, bei Damian vorbeischaute, hatte sie zerbrechlich auf mich gewirkt. Aber dass es so kritisch war, hätte ich niemals geahnt.

Da standen wir zum Abschiednehmen wie zwei Kinder und betrachteten hilflos den leblosen Körper seiner Schwester, der im großen Ehebett in dem kleinen Haus an der Ecke lag. Buenos Aires, das war für mich bis zu dieser Stunde vor allem auch dieses Haus von Soledad und ihrer Familie gewesen. Ruhig lag sie dort, entstellt von ihrer Krankheit, den Medikamenten und dem vielen Morphium, das ihr die Hauskrankenschwester in den letzten Lebenstagen gegen die Schmerzen gespritzt hatte. Während ich sie aufmerksam betrachtete, wurde mir klar, dass der tote Körper nichts mit der Frau zu tun hatte, die ich vor zehn Jahren kennengelernt hatte. Damals hatte ich eine kleine, aparte Person mit wachen braunen Augen, etwas kratzbürstig, aber durchaus liebenswert, kennengelernt. Sie war nie eine Schönheit gewesen wie ihre ältere Schwester Martina, die bis heute mit ihrer Familie in der großen Stadt Córdoba lebt. Trotzdem war sie nicht unattraktiv gewesen, vor allem aber sehr intelligent. Ich hatte sie immer gemocht.

Während ich mich über einen Bordstein beugte und beschämt mein bleiches Gesicht der grauen Straße entgegen-hielt, weil mir das Essen und der Tod nicht bekamen, wurde Soledads Leiche, eingewickelt in ein weißes Leintuch, von zwei Männern in schwarzen Traueranzügen aus dem Haus getragen, um bald wieder hergerichtet, in einem aufgeklapp-ten Sarg zu erscheinen.

Damian und ich machen uns auf den Weg zum Toten-haus, in dem die Trauerfeier stattfindet. Als wir von der hel-len, sonnenbeschienenen Straße in das Gebäude treten, brau-chen meine Augen einige Sekunden, um sich an die Dunkel-heit zu gewöhnen. Nur eine Kerze brennt verlassen in den kahlen Gängen, die mit falschem Marmor und braun getön-ten Spiegeln verziert sind. Ich erspähe ein Jesuskreuz und rieche ein Gemenge aus Weihrauch, Desinfektionsspray und Luft-Deo, als plötzlich eine kleine, schwarz gekleidete Person auf uns zutritt, die uns zurückhaltend den Weg zum Saal Nummer 4 G zeigt. Würdevoll treten wir in den klimatisier-ten Raum, um Soledad ein letztes Mal zu begrüßen bzw. zu verabschieden, ¡adiós querida!

Ich schaue mich im Dämmerlicht um und entdecke Diego Rivera, meinen Chef, den Witwer. Seine Bewegungen sind von einer geradezu militärischen Korrektheit. Jetzt steht er vor dem Sarg seiner verstorbenen Ehefrau. Der Anblick des krebsgezeichneten Antlitzes seiner Ehefrau, das unter einer Maske aus Make-up und mit Kurzhaarperücke einer traurigen Karikatur gleicht, trägt nicht grade dazu bei, mir Erleichterung zu verschaffen. Mein Magen rebelliert. Über-wältigt von diesem Zustand kommt mir auf einmal die Hin-reise nach Buenos Aires in den Sinn, bei der ich neben zwei aus Deutschland ausgewiesenen brasilianischen Prostituier-ten gesessen hatte. Olivia, die gesprächigere der beiden, zeig-te mir gleich am Anfang strahlend ihr Flugticket und sagte mit einem kehligen brasilianischen Akzent: „¡Ellos pagan to-

do!, Sie bezahlen alles!" Mit *sie* meinte Olivia den deutschen Staat.

Nachdem sie mir mit gelangweilter Miene ihre Ausweisung aus Deutschland geschildert hatte, demonstrierte sie ihre Freude über die anstehenden Schönheitsoperationen, indem sie mir mit großem, prallem Mund den halben Flug, also sage und schreibe sechs Stunden, von der anstehenden Aufhübschung erzählte. Die andere käufliche Dame hörte laut Popmusik und warf mir ab und zu aus stechenden Adleraugen einen herablassenden, aber um Freundlichkeit bemühten Blick herüber. Olivia plauderte so begeistert davon, endlich ihre Brüste und ihre Nase „richten" zu lassen, dass ich irgendwann den Versuch aufgab, sie von ihrer „natürlichen" Schönheit zu überzeugen, und ihr ergeben zuhörte.

Was für ein Irrsinn! Noch immer rumort mein Magen. Die brennenden Schmerzen halte ich nicht länger aus, ich muss augenblicklich zur Toilette. Es reicht, denke ich verzweifelt, und gebe Damian, der wie immer in meiner Nähe ist, unbemerkt ein Zeichen. Sofort versteht er. „*¡Vámonos!* Lass uns gehen!", flüstert er mir zu. Damian, der gesellschaftliche Zusammenkünfte grundsätzlich meidet und keinen Wert darauf legt, sich öffentlich von seelenlosen Körpern zu verabschieden, steht leise auf, und wir verabschieden uns dezent von der Trauergesellschaft. Viel zu früh verlassen wir den Saal.

Soledads Tod war zusammengetroffen mit der Halbzeit meines Aufenthalts. Welch ein seltsamer Zufall, der mich tief im Inneren, an einer Ader traf, die schon lange nach künstlerischer Erfüllung verlangte. Seit ihrem Tod rumorte eine Unruhe in mir, und ich fragte mich ernsthaft: Warum eigentlich diese Idee eines Lebens im Ausland, warum dieser Wunsch nach der Diaspora? Wilde Zweifel überkamen mich, und nächtelang blieb ich ohne die friedliche Umarmung des Schlafes, wachgehalten von einer beharrlichen Unruhe, auf der Suche nach einer Antwort. Und dann kam sie wie von selbst über mich. Eines Morgens schwebte sie leicht wie eine Feder, ein Gefühl der Befreiung mit sich bringend, vom Himmel: Ich hatte die Kunst gesucht.

Noch am selben Tag beschloss ich, meine Arbeit in der Baufirma, die mich schon seit Langem langweilte, aufzugeben und mich ganz der Kunst zu widmen. Meine Tätigkeit als Übersetzerin bzw. Sekretärin war zwar nie monoton gewesen – täglich mussten aufs Neue vielerlei verschiedene Dinge organisiert, improvisiert und erledigt werden –, aber das kreative Moment fehlte mir doch sehr. Sich in einen festgefügten Ablauf ein- und einem Chef unterzuordnen war anfangs entlastend, doch inzwischen reichte mir diese Aufgabe nicht mehr aus. Zumal ich Fotografin bin.

Hatte ich doch Deutschland verlassen und die Freiberuflichkeit aufgegeben, um im fernen Buenos Aires Inspiration für mein Langzeitprojekt „One Shower – die Bäder der Welt" und andere fotografische Vorhaben zu finden.

Augenblicklich fiel eine gewaltige Last von mir ab, und mein Selbstbewusstsein kehrte zurück. Jetzt fühlte ich mich fähig, dem Hamsterrad eines Tag für Tag wiederkehrenden Geldjobs zu entkommen. Vermutlich war es grade das Entkommen gewesen, was ich die ganze Zeit so sehnsüchtig gesucht hatte. Einfach die Kraft aufzubringen, nein zu sagen. Nein zu dem sich ins Unendliche drehenden Rad einer fadenscheinigen Ordnung. Die Kündigung wurde zur absoluten Befreiung, denn die Ablehnung einer Sache wurde zur Bejahung einer anderen. Gewiss, ich begab mich auf einen unsicheren Weg. Einen Weg ohne Plan und Schutz. Aber ich wollte es wissen, ich forderte mein Schicksal zum Tanz heraus, um mich wieder mit allen Sinnen zu spüren. Selbst wenn ich scheiterte, würde ich auch dieses Versagen in Kauf nehmen, da war ich mir jetzt sicher. Liegt nicht im Mut zur Veränderung der Schlüssel zu dem, was die Sehnsucht ausmacht? Das fortwährende Schüren eines Feuers, das in Herz und Seele brennt. Einzutauchen in das Fremde, um dieses ganz und gar zu erleben. Unbekannte Gerüche, Ansichten, Strukturen, Farben und Worte. Sich immer wieder in anderen Welten neu zu erfinden und das mithilfe der Kunst. Es ist wie ein Trieb, tief in mir drin, der mich ebenfalls lockte, allein mit neunzehn Jahren für zwölf Monate um die Welt zu reisen. Manchmal verfluche ich diesen Reiz, meistens aber liebe ich ihn. Ist es nicht reizvoll, noch einmal von vorne anzufangen, sich die Maske der Gewohnheit abzustreifen und sich – zumindest für einen gewissen Zeitraum – von Meinungen und Wertungen zu befreien? Nur in diesem Zustand lässt sich wahrhaftig erforschen, was diese Welt zu bieten hat.

Als mir all diese Gedanken durch den Kopf gingen, glaubte ich zu schweben. Es war wie eine erneute Ankunft in Buenos Aires und wie eine erneute Ankunft bei mir selbst. Was ein besserer Ort, um Kunst zu leben, als Buenos Aires? Diese ferne Stadt ist ein Eldorado der Inspiration.

Seit der ersten Begegnung faszinierte mich die eigenwillige Kreativität der Argentinier. Erstmals lernte ich diese, voller Erstaunen und Anerkennung, bei Damian kennen, als wir uns vor zehn Jahren in Australien trafen. Damals begriff ich noch nicht, dass er lediglich der Sohn eines enorm kreativen Volkes war. Eigentlich sind alle Argentinier Musiker, Straßenkünstler, Maler, Tänzer oder Fotografen. Auch wenn sie oft im Alltag einer ganz gewöhnlichen Arbeit nachgehen, besitzen viele ein ganz spezielles Gemüt, einen spontanen Erfindungsgeist, der einmalig ist.

So wie der sympathische Schrott-Künstler im bunten Tangoviertel La Boca. Von Marcelo kaufte mein Vater eine geschweißte Eisenminiatur der Fährbrücke des Hafenviertels, Transbordador Nicolás Avellaneda, wohl ein berühmtes Wahrzeichen von Buenos Aires. Marcelo ist ein zerknitterter älterer Typ mit wachen, immer noch attraktiven Augen. In Marcelos Atelier, das Teil seiner Wohnung ist, stapeln sich bis unter die Decke Eisen und Metall, das Futter für seine Kunstmaschinen, Metallfiguren und fantastischen Mobiles. Aus vermeintlichen Resten des Wohlstands und für den Pragmatiker Unbrauchbarem wird Kunst erschaffen. Die fast kindliche Kreativität, die meiner entgegenkommt, ist im Kern nichts anderes als Toleranz und Respekt vor dem Musischen. Kunst wird nicht kommerziell instrumentalisiert – Kunst um der Kunst willen, das ist Buenos Aires. Spontaneität, Freiheit, Ideenreichtum, manchmal auch Professionalität prägen das Bild. Aber immer gilt: Jeder macht ein bisschen Kunst! Kunst liegt in Buenos Aires in der Luft. Ist es nicht sympathisch, wenn die Dinge nicht lange bedacht, sondern einfach gemacht werden? Ergebnis: viel Schrott, aber auch viel Tolles. Solch eine Einstellung lässt Raum zum Träumen, Raum für Inspiration. In solch einer Atmosphäre, dachte ich, kann ich mich verwirklichen.

Die Tatsache, dass ich meine Heimat verlassen habe, um nach Buenos Aires zu ziehen, hing ebenfalls mit dem Stil meiner damaligen Arbeit zusammen. In meinem Fall wurde die visuelle Wahrnehmung durch Materielles, Kundenwünsche, Konsum, Werbung und Marketing sowie kurzlebige Moden beeinflusst. Nach drei Jahren als gut verdienende, freiberufliche Fotografin mit Studio und bedeutenden Kunden bemerkte ich, dass ich im Begriff war, auf meinem „kreativnaiven Auge" zu erblinden. Nicht ohne Grund hat Pablo Picasso einmal gesagt, dass er ohne Mühe jeden großen Maler der Geschichte kopieren könne, es für ihn aber unmöglich sei, das Bild eines Kindes nachzuahmen. Ich spreche vom Fotografieren nach Vorschrift und Plan, nicht nach eigenem

Gusto und Inspiration. Auch wenn ich noch immer jene Form der Arbeit sehr schätze, weiß ich heute, dass ich bedroht war, das zu verlieren, was meinen fotografischen Stil prägte: mein einzigartiges Auge, meine individuelle Sicht auf die Welt. Kurzum: Ich suchte das Unorganisierte, das Chaos. Der perfekte Ort hierfür ist Buenos Aires, denn diese Metropole ist die perfekte Mischung zwischen Hässlich und Schön, zwischen Trott und Aufbäumen, zwischen gradlinig und einem Zickzack-Kurs. Hier wird das Leben selbst zum Kunstwerk. Jeder Mensch ist Teil eines Buches oder Theaterstücks, eines Fotos oder Gemäldes, eingebunden in den größeren Kontext, in die allumfassende Seele der Stadt.

Nach dieser Erkenntnis war ich bereit, meinen Büroalltag aufzugeben. Alles würde sich neu erfinden, denn nur indem wir Künstler sind, sind wir frei, das war mir dank Soledads Tod und dank der Tränen der Königin klar geworden. Die Urbanität bekam eine neue Dimension, weil sie zu einem, zu meinem Bewusstseinszustand wurde.

Und ab sofort ging alles ganz schnell und vollzog sich mühelos. Es war wie eine Belohnung. Ich stellte mein Fotoprojekt *One Shower* in dem kleinen Restaurant, Dorinda, um die Ecke aus. „Kunst und Speisen" lautet das Motto des Besitzers, sodass der gemütliche Laden eine Kombination aus Galerie und Restaurant darstellt. Seit zehn Jahren beschäftige ich mich mit *One Shower*, einem Projekt, das mich durch die verschiedensten Länder begleitet hat. Die Aufnahmen erzählen von Bädern und Toiletten auf der ganzen Welt, nein, sie erzählen, künstlerisch verfremdet von dem Ort, der in jeder Kultur existiert und uns auf eine sehr menschliche Weise verbindet.

Bei der Gourmet-Vernissage lernte ich über meinen deutschen Freund Martin, der eine Dissertation über das argentinische Kino schreibt und sich für empirische Studien in der

Stadt befand, Silvia kennen. Die exzentrische Musikerin, die Oboe spielt, sollte in den folgenden Monaten eine der wichtigsten Vertrauten werden. Ich empfand sie wie das personifizierte Buenos Aires; niemals scheint sie zu schlafen, immer ist sie unterwegs, ohne dass man weiß, wo sie sich eigentlich herumtreibt. Sie hat mindestens drei Neurosen, aber nur einen Therapeuten. Durch und durch Künstlerin, ist Silvia, eine Diva ohnegleichen, unwiderstehlich charmant und wunderschön. Sie war es auch, die mich mit der Ausstellung *One Shower* zur Internationalen Stiftung Jorge Luis Borges brachte. Silvia, die acht Jahre in Deutschland gelebt hat, Martin und ich beschlossen, einen deutschen Abend in den Räumen der Borges-Stiftung zu organisieren.

An einem regnerischen Abend lasen wir zusammen mit María Kodama, der Witwe von Jorge Borges, das Gedicht „An die deutsche Sprache" auf Spanisch und Deutsch vor. Martin hielt einen Vortrag über den Einfluss des argentinischen Kinos in Deutschland, und die Ausstellung *One Shower* wurde eröffnet. Silvia begleitete den musischen Abend mit Gitarre und dem Gesang deutscher Lieder. Das Publikum, immerhin waren über hundert Besucher gekommen, ehrte uns mit großzügigem Beifall. Die Leute waren begeistert.

Von der Borges-Stiftung fand ich Zutritt zur deutschen Botschaft, mit deren Schirmherrschaft und Unterstützung ich von nun an rechnen konnte. Später im Jahr sollte ich in den konsularischen Räumlichkeiten eine Ausstellung über die Gletscher- und Bergwelt Patagoniens veranstalten. Zu jener Zeit begegnete mir Carla, die Besitzerin der Kunstgalerie La Guanaca Azul in San Telmo. Sie bot mir an, in ihrer internationalen Galerie dauerhaft auszustellen. Aufgrund von Carlas Kompetenz und der schönen Räumlichkeiten sollte ich mich sofort wohl in der Galerie fühlen. Über Carla lernte ich den Georgier Alan kennen. Er sollte der Mentor werden. Da

Alan ein feines Gespür für die Exilkünstler in der Stadt besitzt, rief er das Projekt *Arte Internacional en Buenos Aires* ins Leben. Mit ihm als Kurator und Maler organisierte die internationale Gruppe eine Reihe von Gemeinschaftsausstellungen.

Die Hinwendung zur Kunstfotografie sollte eine absolut erfüllende Zeit voller Schaffensdrang werden. Und dann, mitten hinein platzte ein Anruf. Per Telefon flatterte die Initiation der künstlerischen Anerkennung ins Haus. Mein Fotozyklus *Beyond the Surface – Women's Facets* war im Centro Cultural Recoleta, der Nummer eins unter den staatlichen Museen Argentiniens, angenommen worden. Vor Glück taumelte ich ein paar Tage durch die Zeit, ohne mich noch daran zu erinnern, was ich eigentlich den ganzen Tag machte. Alles passte. Noch nie vorher hatte ich es gewagt, mich als Künstlerin zu bezeichnen. Umso mehr freute es mich, dass es nun die anderen für mich taten.

Einher mit meiner musischen Phase gingen die regelmäßigen Besuche von Kunst-Events. Als José und ich eines Abends zu einer Vernissage der Galerie La Guanaca Azul von Miguel Angel Biazzi gingen, einem Maler, der sich mit den indigenen Wurzeln Argentiniens auseinandersetzt, wurde ich Eduardo, einem befreundeten Künstler, vorgestellt. Eduardo widmet sich nicht nur der Malerei, sondern ist auch ein waschechter *tanguero*, ein Tangofanatiker. Die Militärdiktatur in den Siebzigerjahren hatte ihn ins Exil getrieben, er lebte zehn Jahre lang in Europa und zwanzig in New York, wo er in Greenwich Village ein Atelier besaß und mit einer'amerikanischen Ballett-Tänzerin verheiratet war.

Als meine Galeristin Carla ihm Fotos von *One Shower* zeigte, gratulierte er mir anerkennend zu meinen Badbildern und wir kamen ins Gespräch. Sofort empfand ich Sympathie für den siebzigjährigen, jung gebliebenen Señor mit den bunten Hosenträgern und den voller Witz sprühenden Augen. Wir redeten lange über Kunst, Nord- und Südamerika und das Exil. Und von Minute zu Minute mochte ich diesen Grandsegnieur mehr, dessen Leben mir wie ein Roman von Vargas Llosa vorkam. Ganz besonders seine humanistischen Gedanken über die Kunst blieben mir im Gedächtnis haften. Die Kunst sei wie eine universelle Sprache, weshalb sich der Künstler als Weltbürger definieren müsse. Er dürfe nicht nur in der „eigenen Suppe löffeln". Eduardo hatte mir aus dem Herzen gesprochen, genau aus diesem Grund war ich nach Buenos Aires gekommen. Seine Gedanken erinnerten mich an mein Studium. Im Seminar hatte ich Karl Jaspers' humanistische Theorien kennen- und schätzen gelernt. Die Vernunft als Kommunikationswille, Philosophie realisiert im menschlichen Dialog und das höchste moralische Prinzip, das Prinzip des Guten, gegründet in der Liebe, das sich dem Menschen unverzichtbar aufdrängt, waren Gedanken, die mich von Anfang an für den Philosophen eingenommen hatten.

So gegen Mitternacht beschlossen Carla, Eduardo, José und ich, eine Milonga mit Señor Eduardo als *tanguero* an Ort und Stelle, hier in der Galerie zu organisieren. Auch wenn wir alle wussten, dass dieser Tangoabend wahrscheinlich niemals zustande kommt, gab uns diese fixe Idee doch ein Gefühl der Zusammengehörigkeit, das uns schon den gesamten Abend begleitet hatte.

Auf dem Nachhauseweg hakte ich mich bei José unter und meinte etwas nostalgisch: „Mensch, ist das alles turbulent. Seit ich hier bin, komme ich kaum noch zum Lesen." „Vielleicht hast du jetzt Lesen gar nicht mehr nötig, weil dein Leben schon ein Buch ist", war seine Antwort gewesen.

Wie recht er gehabt hatte.

Juli

Wilde Kerle

Das Buch des Lebens schrieben José und ich gemeinsam fort, wobei uns unsere Stadt über die Schulter schaute. Die kalten Juliwochen schienen unser Buenos Aires zu beleben, die Mattheit des Sommers war einem ruhigen Fließen gewichen. Umarmt vom Glück der Liebe ließen wir uns wochenlang durch die Musikwelt der Stadt treiben.

Eröffnet wurde unser Liebestanz von José, meinem Musiker. Er hatte einen Auftritt in der Musikhochschule *Escuela de Música Popular de Avellaneda*, wo er das Fach „Jazz-Schlagzeug" im letzten Jahr studierte. Im Rahmen eines Praxis-Seminars mussten alle Studenten zum Abschluss des Studienjahrs eine praktische Prüfung ablegen. Trotz der winterlichen Kälte war es heiß in der kleinen Aula der Schule, im südlichen Vorort Avellaneda, denn viel Publikum war zum Prüfungskonzert gekommen. Das schemenhafte Licht ließ die abgenutzten Holzstühle wie kleine bucklige Gestalten aussehen. Im hinteren Teil des Raumes befand sich eine Bühne, die mit allen möglichen Instrumenten vollgestellt war. Spannung lag in der Luft. Professoren, Studenten, Freunde, Partner und Familienmitglieder hatten sich versammelt, um die Prüflinge aller Jahrgänge bei ihrer Darbietung zu begleiten und zu beurteilen. Der Abend konnte beginnen, die Scheinwerfer flammten auf. Als Erste stiegen zwei junge Sängerinnen auf die Bühne. Zu schweren Jazz-Rhythmen sangen sie mit rauchigen Stimmen und wiegten sich lasziv in der Hüfte. Ihre Soli wurden unterlegt vom zwanzigköpfigen Hochschulorchester, in dem alle gängigen Jazzinstrumente vertreten waren – Bass- und Sopransaxophon, Trompete, Schlagzeug, Congas, Tuba, Kontrabass, Gitarre und Klarinette. Die Leidenschaft der Jugend erweckte einen Swing vom Feinsten. Eine geballte Ladung Begeisterung vereinte die jungen Musiker und umgarnte das Publikum mit einer Aura von Enthusiasmus, Leidenschaft und Ernsthaftigkeit. Schon glühten mir die Backen, war es doch magisch schön, an diesem fast konspirativen Treffen teilnehmen zu dürfen.

Nach den Girls und der Big Band kam Josés Gruppe an die Reihe. Ich vergaß alles um mich herum. Menschen verschwommen zu Schemen, Geräusche drangen nur noch gedämpft ans Ohr. Ich konzentrierte mich einzig auf José, um ihm meine ganze Aufmerksamkeit zu widmen. Vor der Veranstaltung hatte er sich in sich zurückgezogen, wortkarg, viel rauchend. Gesten der Nervosität. Er auf dem Weg zur Bühne, ich in einer hinteren Reihe. Ein letztes Mal trafen sich unsere Blicke. Langsam, bestimmt stieg er auf die Bühne. Herausgehoben aus der Masse stand er oben, mein begabter Schlagzeuger, mitten in der Arena, errötet vor Aufregung, Konzentration und Scheinwerferhitze. Dann wurde es ernst – und still im Raum. Der Professor hob die Hand, die Band fing an zu spielen. José als Schlagzeuger gab den Rhythmus vor. Er saß hinter der Schlagzeug-Batterie aus Trommeln, Becken und Percussions, als hätte er nie etwas anderes getan. Weich und ebenmäßig wie ein Fluss ergoss sich Melodie um Melodie, Ton um Ton in seine Trommelschlegel, die sich mal sanft, mal heftig über goldfarbig glänzende Becken, Pauken und Trommeln bewegten und die Musik in die Herzen der Anwesenden fließen ließ. Vor allem aber in mein Herz.

Die Band spielte mehrere Stücke. Nach ihrem Auftritt stiegen die Musiker ungeachtet des starken Applauses von der Bühne herab. José kam zu mir nach hinten, küsste mich mit glänzenden Augen und sagte: „*Te amo*, ich liebe dich." Ich war beeindruckt. Die musische Kraft, die dieser 24-jährige Musiker aufbrachte, war bewundernswert. Bei seinem Auftritt, immerhin eine Prüfung, hatte er selbstbewusst in sich geruht, ohne das Verlangen nach Applaus und Show musiziert. Mein Freund war und ist Musiker, nicht erst durch eine Prüfung musste er das beweisen.

José, beschwingt von der Note „sehr gut", die er für seinen Auftritt erhielt, und ich, angesteckt von der musikalischen Atmosphäre, die mir die Hochschulstudenten aus Avellaneda geschenkt hatten, tauchten zusammen in die Musikwelt von Buenos Aires ein. Stammgast wurde ich im Thelonious Club in Palermo. Wöchentlich trat dort Josés Percussion-Lehrer Pablo auf. Ich mochte den in einem Altbau versteckten Jazzclub mit seinen hohen Backsteindecken, seiner erotisch durchdrängten und entspannten Atmosphäre, den tätowierten Barkeepern und der anspruchsvollen Livemusik. Im Thelonious spielten Jazzer aus der ganzen Stadt und gaben vor anspruchsvollem Publikum immer ihr Bestes. José kannte sie alle und bekam jedes Mal leuchtende Augen, wenn er von ihren Karrieren erzählte. Auch er wollte dorthin gelangen und eines Tages auf dieser Bühne anderen Musikern den Rhythmus vorgeben.

Im Notorious Club war alles noch ein bisschen professioneller und gediegener. International anerkannte Jazz-Musiker gaben ein Gastspiel, und viele Nordamerikaner waren im Publikum. Im Notorious konnte man dinieren und beim Steak oder Caesar-Salad den Klängen von Herbie Hancock, Duke Ellington und Oscar Peterson lauschen. Im Notorious waren wir häufig zu sehen, auch wenn ich mich der Speisekarte bald verweigerte, weil das Essen ziemlich mies war. Wenn José und ich vom Jazz pausieren wollten, besuchten wir Konzerte anderer Musikrichtungen, wie Ska und Reggae. Dancing Mood, Onda Vaga oder Resistencia Suburbana waren nur einige der exzellenten lokalen Bands, in deren Genuss ich durch Josés Musikeuphorie kam.

Eines Abends, nachdem wir wochenlang in einer Flut von Musikveranstaltungen geschwommen waren, nahm José mich an der Hand und zog mich mit geheimnisvollem Blick, ohne ein Wort zu verlieren in Richtung Avenida Santa Fe. „Wo gehen wir eigentlich hin?" „Wir gehen dorthin, wo die Musik uns zurück zu den Wurzeln meines Landes führt. Heute Abend wird eine Peña in La Boca veranstaltet. Ich will, dass du hautnah erlebst, wie eine traditionelle Peña abläuft." Ich war begeistert, obwohl ich damals nicht wirklich wusste, was er meinte.

Ursprünglich ist eine Peña ein Treffen vieler Menschen, auf dem traditionelle Chacarera-Musik gespielt und der traditionelle gleichnamige Tanz von allen zelebriert wird. Die Orte des lockeren Zusammentreffens können immer wieder aufs Neue wechseln. Im Grunde ist eine Peña überall dort möglich, wo es genügend Tanzwillige, Musiker, Gauchos, Empanadas und Bier gibt. Vorausgesetzt, der Tanzboden ist groß genug.

Wir fuhren mit dem 152er quer durch das Zentrum zum bunten Hafenviertel am Fluss Riachuelo. Eine gut beleuchtete Eingangshalle wies uns den Weg. Kaum hatten wir das Straßenpflaster verlassen und einen weiträumigen, in warmem Ocker gestrichenen Saal betreten, eröffnete sich eine andere Welt. Die vielen Holzstühle, die im Raum verteilt um rustikale Tische standen, waren von heiteren, zum Teil derb aussehenden Gestalten bevölkert. An den Wänden hing indigene Kunst. Dunkelhäutige Indianerpärchen waren zu sehen mit glänzend schwarzem Haar vor einer steppenartigen Kakteenlandschaft, wie sie typisch für den Norden ist. Es roch nach gegrilltem Fleisch und frisch gezapftem Bier. José und ich setzten uns an einen der rustikalen Holztische, nickten den rauen Gesellen zur Begrüßung zu, bestellten ein Bier und *empanadas criollas*, die mit Hackfleisch, Ei, Oliven und Rosinen gefüllt sind.

Seit wir eingetreten waren, hatte mich die Atmosphäre gefesselt. Die Stimmung war anders als in den Konzerten, Kneipen und Restaurants, die ich kannte. Weniger mondän, dafür herzlicher und ursprünglicher. Josés Fingerkuppen tippten zart auf meinen Unterarm „*¡Mirá hermosa!* Guck mal, Schöne!" Mit dem Kinn wies er Richtung Bühne. Ich erblickte einen kleinen Mann mit einem von Sonne und Wind gegerbten Gesicht. Stämmig präsentierte sich ein Gaucho in traditioneller Kleidung. Auf dem Kopf die Boina, an den Beinen eine weite Pumphose, an den Füßen handgearbeitete Lederstiefel, am verzierten Gürtel einen gefährlichen Dolch in einer ledernen Scheide. Der Mann setzte sich lässig auf einen Holzschemel, begrüßte kurz das Publikum und stellte sich als Faustino vor.

Zur Gitarre erzählte er Geschichten aus seinem Leben. Seine Liedertexte, die sich mit melancholischen Gitarrenklängen mischten, nahmen uns mit auf eine Reise in die wilde Natur, die sein Zuhause war. Als ich die Augen schloss und nur noch lauschte, befand ich mich augenblicklich sowohl in Salta und in Jujuy als auch in Córdoba und La Pampa, weit weg von der Stadt, in den Ebenen der argentinischen Weite. Der Urglaube der Gauchos, der Gesetzlosen, die unter einem unendlich großen Himmel Pferde zähmen und Rinder hüten und niemandem außer den Gesetzen der Natur gehorchen, erschien vor mir. Wundersames geschah. Ich begann zu fliegen, hinein in den tiefen Himmel, und sah unter mir die im Galopp verwirbelten Mähnen stolzer Pferde. Ihr Stolz war derselbe, den der Sänger in sich trug. Für einen Augenblick konnte ich die Freiheit erfassen, die er seit seiner Kindheit in der Brust barg.

Während seiner Darbietung wechselte Faustino zwischen Gesang und Vortrag und verfiel in eine Art Trance, was das Publikum nur noch mehr an seine Lippen fesselte. Als er von einer Liebestragödie aus seinem Nachbardorf, von einer unerfüllten Liebe mit gebrochenen Herzen erzählte, füllten sich seine dunklen Augen mit Tränen. Das Publikum ging geschlossen mit, so gebannt war es vom Gaucho-Schicksal, das anfangs ruhig, später dann stürmisch über uns gekommen war. Ich verstand plötzlich, dass die Gauchos die wahren Geschichtsschreiber Argentiniens sind. Durch mündliche Überlieferung gaben sie Erlebnisse und Erkenntnisse über die Natur, das Land und seine Menschen an die argentinische Bevölkerung weiter. Über Jahrzehnte erzählt, war ihre *oral history* mit der Zeit zu einem eigenständigen Genre geworden.

Winter in Buenos Aires – glasklares, kristallenes Licht unter einem Himmel von schönstem Azur in klammer Kälte. Wir schreiben den Monat Juli. Nach meinem Empfinden müsste eigentlich Sommer sein. Komisch! Steht alles Kopf? Ein Sommerkind wäre demnach ein Winterkind. Wenn ein Argentinier sagt, dass er im Winter geboren ist, denkt ein Deutscher natürlich an die Monate Dezember und Januar. Für einen Argentinier sind dagegen Juli und August die Wintermonate. Es ist schon ziemlich verwirrend, wenn die Jahreszeiten derart vertauscht sind. Tatsache ist: Buenos Aires liegt auf der südlichen Halbkugel, was mich immer noch verwirrt und mir eine gewisse Gehirnakrobatik abverlangt. Vor allem in Telefonaten, E-Mails und Briefen nach Hause wird mir dieses seltsame Gefühl der Wetterverwirrung bewusst. Um die wirre klimatische Situation zu verstehen, ging ich die Sache rational an. Da die Erdkugel auf ihrer Achse geneigt die Sonne umkreist, werden die Regionen nördlich und südlich des Äquators zu den verschiedenen Jahreszeiten unterschiedlich beschienen: Die südliche Hemisphäre, auf der ich mich befinde, steht von Dezember bis Februar der Sonne näher als die nördliche. So weit die wissenschaftliche Definition. Das klingt einleuchtend, aber rein gefühlsmäßig betrachtet ... Ehrlich gesagt, leuchtet mir das immer noch nicht so ganz ein, denn auf den südlichen Breitengraden kann es zwar im Juli ziemlich kalt werden, okay, aber trotzdem scheint immer die Sonne. Eigentlich fühlt man sich deswegen so, als herrsche ein verhaltener deutscher Sommer im argentinischen Winter. Klar, oder?!

Die Sonne scheint wie poliert, der Himmel spannt sich ohne die geringste Andeutung einer Wolke über die Stadt und die Luft ist fantastisch klar. Weiß-blaues Licht liebkost die warm gekleideten Menschen. Trotz der kalten Jahreszeit stellt die Sonne auch im Winter ihre Kraft unter Beweis. Winter in Buenos Aires ist also durchaus angenehm, mal abgesehen von einem frostigen Südwind, der ab und zu durch die Betonschluchten fegt und arktische Kälte herüberbläst. An solchen Tagen ist der Atlantik plötzlich ganz nah, eine Spur von Salz liegt in der Luft und lässt das Meer erahnen. Die salzige Luft ist bemerkenswert, denn eigentlich weisen nur wenige Indizien darauf hin, dass Buenos Aires lediglich einen Katzensprung von der Meeresküste entfernt liegt.

Besonders liebe ich den Wintermorgen mit seiner regen Geschäftigkeit. Da werden Lieferungen ausgeteilt, das Pflaster glänzt kühl und schwarzgrau, überall sehe ich Menschen auf dem Weg zur Arbeit, Abgase von aufheulenden Motoren stehen blau in der kalten Luft, ich höre fröhliche Pfiffe und anmachende Rufe von Straßenarbeitern, die ein gekonnter Hüftschwung provoziert. Bürgersteige werden achtsam gereinigt, schnell wird noch ein *cortado*, ein Espresso mit einem Schuss Milch, auf dem Weg zur Arbeit getrunken. Hunde werden in Wintermäntel gesteckt, um sie vor Schnupfen und Erkältung zu schützen. Das Ganze gleicht einem Köterkarneval. In Horden werden sie dann von professionellen Hundehütern zum Morgenspaziergang in den nahen Park geführt.

Aber ich sollte bald lernen, dass die Kälte anders als in Deutschland ist. Sie ist subtiler, nicht brutal über den Frierenden hereinfallend, sondern schleichend, dafür hartnäckiger und zäh in ihrer Feuchtigkeit. Sie kriecht wie ein nasskalter Kleber, Tropfen für Tropfen, durch jede Kleiderschicht, durch die Haut bis auf die Knochen, um sich dort festzusetzen. Diesen unangenehmen Begleiter vertreiben extrem heiße Sachen wie eine heiße Dusche, eine große Tasse heißer Kakao oder ein noch größerer Teller heißer Suppe. Am ehesten hilft die Kombination aus allen dreien. Auf funktionierende Heizungen kann man nicht immer zählen, da weder die Wohnungen gut isoliert noch die Heizanlagen für kalte Tage ausgelegt sind. Der Versuch, mit Klimaanlagen zu heizen, versagt auch kläglich, ebenfalls wegen mangelnder Isolierung.

In meinem Juli-Winter, der viel harmloser ausfiel als zu Hause, fror ich also mehr als in jedem Kölner Winter zuvor. Zum Glück ist der argentinische Winter viel kürzer und milder als der deutsche. Juli und August sind die kältesten Monate mit durchschnittlich 5 Grad bei Nacht und 14 bei Tag. Angenehm ist, dass die Kältetage sich immer wieder mit ein paar erholsamen Tagen, an denen die Sonne ihr Antlitz wärmender als sonst preisgibt, abwechseln. Es waren definitiv diese Tage, die mich heil durch die beiden Wintermonate brachten. An solchen Sonnentagen lief ich mit Musik auf den Ohren zu meiner Plaza und setzte mich unter den immergrünen Palmen auf eine Bank, um wenigstens für eine halbe Stunde mein Gesicht in die Sonne zu strecken.

Beim Schreiben dieser Zeilen fällt mir der Musikabend in der Peña von La Boca wieder ein. Faustino hatte uns prächtig unterhalten und wir hatten viel über das Leben der Gauchos erfahren. Damit war der Abend noch lange nicht gelaufen. Gegen Ende der Show bemerkte ich im letzten Moment, dass ein Besucher mich bestehlen wollte. Eine Unruhe brach plötzlich hinter meinem Rücken aus. Ich drehte mich um, um nachzuschauen, was los war. Da sah ich einen jungen Typen ganz nah hinter mir, der sich nach vorne beugte, vermisste aber gleichzeitig meine Tasche, die gerade noch über der Stuhllehne gehangen hatte. Ich suchte und entdeckte sie auf dem Boden. Eigentlich entdeckte ich nur den Trageriemen, denn auf ihr lag eine dunkle Jacke, die Jacke des Typen hinter mir. Er war schon im Begriff, sie auszuräumen, als ich seine Absicht entdeckte. Blitzschnell ergriff ich die Handtasche und riss sie an mich. Als unsere Blicke sich trafen, begriff der Taschendieb, dass ich verstanden hatte. Gerade noch schnappte er sich sein Jackett und rannte aus dem Laden.

Trotz des versuchten Diebstahls fühlte ich mich nie wirklich bedroht. Manchmal redete ich mir auch gut zu und verdrängte die allerorts und stetig warnenden Überfallgeschichten, die über und von den Porteños erzählt wurden. Um mich zu beruhigen, führte ich mir vor Augen, dass Buenos Aires innerhalb Lateinamerikas eine der sichersten Städte sei. Aber trotzdem gab es ein Vorkommnis, das mich bis aufs Mark erschütterte.

Samstagabend, gegen zwanzig Uhr. Also nicht sehr spät. Für Argentinier so etwas wie später Nachmittag. Ich befand mich in der Innenstadt an der Kreuzung Avenida Rodriguez Peña und Avenida Callao, um den 37er nach Lanús zu nehmen. Ich hatte mich hübsch gemacht, leicht geschminkt und war voller Vorfreude auf ein Treffen mit José. Als ich auf die Haltestelle zulief, bemerkte ich einen jungen Typen, der in einem nahen Hauseingang saß. Er trug weite Sportklamotten, saß am Boden, angelehnt an eine Hauswand, und schien zu warten. Er sah harmlos aus, wie er in meiner Nähe auf den Bus wartete. Und trotzdem kroch Unruhe in mir hoch, eine Art Vorahnung. Misstrauisch spähte ich zu ihm hinüber. Irgendetwas an ihm gefiel mir nicht. Die Botschaft von Drogen und Verzweiflung lag in seinen Augen, sie konnten nicht verstecken, was die coolen Klamotten verbergen sollten, die Abhängigkeit von *Paco*. *Paco* heißt der Stoff, der aus einem Abfallprodukt von Kokain in den *villas*, den Slums, gebraut wird, um junge Menschen in die Abhängigkeit und Verzweiflung zu treiben. Die Droge besteht aus vielen gesundheitsschädlichen Zutaten, die schlimmste ist eine feine Dosis Rattengift. Der Cocktail aus den übelsten Substanzen ist auf Zerstörung angelegt. „In Argentinien verdient man sein Geld nicht mit Arbeit, sondern mit Drogen. Alle sind in dieses Geschäft verwickelt. Und alle sind sie gleich in diesem dreckigen Spiel: Gauner, Politiker, Polizisten", hatte mir einmal ein Taxifahrer verdrossen erzählt.

Als ich nochmals die Augen des Süchtigen sah, sagte mir mein Instinkt: Geh weg! Gefahr! Doch dies blieb lediglich ein Gedanke.

Schon erhob sich der Junkie und pöbelte zwei Mädels und einen Jugendlichen an, die vor mir in der Reihe auf den Bus warteten. Plötzlich zerrte er hinter seinem Rücken eine Plastiktüte hervor, in der etwas steckte. „Da drin ist eine Knarre", lallte er mit aufgerissenen Augen und richtete die zusammengeknüllte Tüte auf die drei Jugendlichen. Vielleicht wollte er Geld, vielleicht auch nur einen Adrenalin-Kick. Wieder sah ich seine irren Augen. Sie verrieten, dass er nicht viel mitbekam, die Droge *Paco* vernebelte sein Gehirn. Absolut gefährlich. Ihm war alles egal, das Leben eines Menschen – nichts wert. Hatte er doch am eigenen Leib erfahren müssen, dass sein eigenes nichts wert sei. Mein Körper gefror zu Eis.

Im Kopf wollte ich wegrennen. Und wieder die Angst, dass er eine echte Pistole in der Tüte hat und schießt – und zwar auf mich. Erstarrt stand ich direkt hinter den dreien und musste erleben, wie er die zwei Mädchen und den Jungen bedrohte. Ein Mädchen fing an zu schluchzen. Ihr Schmerz löste mich aus der Erstarrung, und wie auf ein geheimes Zeichen hin liefen wir los. Todesangst und Panik trieben mich weg von dieser widerlichen Szene. Ich zitterte am ganzen Körper. Meine Knie schlotterten so heftig, dass ich über einen kaputten Bordstein stolperte und beinahe hinfiel. Und mitten hinein in mein Elend fuhr wie ein Blitz ein Bild von einem Gesicht. Wie ich das aufgebrochene und kaputte Gehsteigpflaster unter mir sah, über das ich im nächsten Moment zu stolpern drohte, sah ich Federico, den Kurator des Centro Cultural Recoleta, im Gespräch mit mir. Verrückt, aber wahr. Wir hatten uns erst kürzlich über Deutschland unterhalten. Mit einem spitzbübischen Lächeln hatte er gesagt: „Ihr Deutschen seid unglaublich, habt einfach ein komplettes Land wieder aufgebaut, während wir es noch nicht einmal schaffen, einen Gehsteig zu reparieren." Die Erinnerung riss wie ein Filmstreifen. Die Sinne wurden von Angst betäubt, alles verschwamm. Die Angst erfasste jede Faser, das Herz zog sich zusammen, schon glaubte ich, den Einschuss in meinem Rücken zu spüren ... Nein, ich blieb unverletzt, ich lebte! Die Hand des weinenden Mädchens hatte sich in meinem Schulterblatt verkrallt. Das Kind schrie hysterisch und klammerte sich im Laufen an mich. Endlich erreichten wir den beleuchteten Eingang eines Cafés. Verzweifelt rüttelte ich an der Glastür, aber sie war verschlossen. Der Junkie ließ nicht von uns ab, er taumelte auf uns zu. Ich fühlte mich wie ein Gejagter in einem Action-Thriller.

Wie von Sinnen rannte ich wieder los, blindlings, von Todesangst getrieben, auf die sechsspurige Straße. Lieber wollte ich überfahren werden, als von diesem Junkie erschossen. Im Kopf überschlugen sich die Gedanken, einer schälte sich heraus: *Bloß nicht von diesem Menschen umgebracht werden, lieber von einem Auto angefahren.* Ich lief mitten in den Verkehr hinein, riss die Arme hoch – und wartete auf den Aufprall, eine Sekunde, zwei, drei … Reifen quietschten, Hupen jaulten auf, aber der Aufprall blieb aus. Der Verkehr hatte gestoppt. Die anderen Flüchtlinge und der Junkie hatten sich mit einem Mal in Luft aufgelöst. Was war geschehen? Hatte ich alles nur geträumt? Nein, mein Herz schlug bis zum Hals, der Atem flog wie nach einem Marathon, die Furcht saß auf mir wie ein Alp. Im Körper fühlte ich mich wie ausgehöhlt, schon strömte eine unendliche Traurigkeit in mein Gemüt. Ich träumte nicht, ich war in ein Verbrechen geraten.

Ruhig schlug der Puls von Buenos Aires, so, als hätte sich nichts verändert. Aber in mir hatte sich für immer etwas verändert. Ich hatte das erste Mal in meinem Leben Todesangst verspürt und durch die Bedrohung erfahren, dass ein Menschenleben, wenn wir unseren Mitmenschen kein Respekt zollen, nichts zählt, obwohl wir ihm so viel Bedeutung beimessen.

Benommen vom Schock wankte ich zur Haltestelle zurück. Ein Kloß im Hals würgte mich. Sollte ich nach Hause ins Bett? Sollte ich zur Polizei? Nein, ich brauchte vertraute Nähe. Ich stieg in den Bus und fuhr nach Lanús. Für die nächsten vierzig Minuten glitt alles an mir vorbei, wie in einem verwackelten Film. Erst als ich José an der Haltestelle auf mich warten sah, stiegen mir Tränen in die Augen. Eben noch hatte ich dem Tod ins Auge geblickt, und jetzt empfand ich auf einmal alles noch bedeutsamer als jemals zuvor, denn ich hatte mit jeder Faser meines Körpers die Zerbrechlichkeit des Seins erlebt.

Kriminalität und Armut heißen die kränkelnden Zwillinge von Buenos Aires. Slums sprießen in der Hauptstadt und Gran Buenos Aires gleich dem Soja, das den Ackerboden im argentinischen Inland zerstört, aus dem Boden und werden von ihren Bewohnern zum Niemandsland erklärt. Einige Armutsviertel sind derart dominant, dass sie mitten im Zentrum oder angrenzend an reiche Wohnviertel zu finden sind. Namen wie Villa 31 in Retiro, Villa Inflamable in Dock Sud oder Villa 1-11-14 in Bajo Flores bezeichnen stadtbekannte Slums.

Die Stadtbewohner sehnen sich allerorts nach Sicherheit, nach der Eindämmung der verbreiteten Kriminalität. So avancierte das Wort *seguridad*, Sicherheit, zum Hauptschlagwort in den Wahlkämpfen von konservativen Lokalpolitikern wie Mauricio Macri oder Francisco de Narváez. Diese Politiker verschweigen dem Wähler allerdings, dass ihr Versprechen von mehr Sicherheit eine Einschränkung von Freiheit mit sich bringen wird. Und wie so oft, wird dadurch nicht die Wurzel des Problems behandelt, sondern lediglich dessen „Krone" frisiert, was bekanntlich noch mehr Kriminalität und Diskriminierung zur Folge hat. Eine endlose, abwärts führende Spirale.

Country lautet das neue Zauberwort der Wohlhabenden. Von Security-Dienstpersonal rund um die Uhr überwachte und von hohen Drahtzäunen verbarrikadierte Viertel sind damit gemeint, die neben Luxus vor allem Sicherheit versprechen. In den letzten Jahren hat diese neuartige Idee zu einem Bauboom im Großraum Buenos Aires geführt. Eine der größten und exklusivsten Siedlungen ist das im Delta des Río de la Plata, in der nördlichen Region Tigre gelegene Country Nordelta. Ein gigantischer visionärer Komplex, der sich aus neun Wohnvierteln, Seen, Tauch- und Segelschulen, Tennis- und Golfplätzen, Shopping Malls, Kliniken, Schulen, Spielplätzen und Straßen zusammensetzt. Eine artifizielle Reißbrettstadt, abgeschnitten vom Rest der Welt, fern der Massen.

Doch die Realität ist nicht einzugrenzen, sie ist so sichtbar wie Tod und Leben. Und so kommt es immer häufiger vor, dass neue *villas* am Zaun zu einem Country wachsen. Nur durch Gitterstäbe getrennt, prallen zwei scheinbar gegensätzliche, aber sich letztendlich ähnelnde Ghettos aufeinander. Tatsächlich ist die Realität mit Licht und Schatten stärker und schafft es immer wieder, die Abgrenzungen der „heilen" Welt zu durchbrechen. Denn wie überall im Spannungsfeld Buenos Aires gibt es soziale und kriminelle Verstrickungen vermeintlich gegensätzlicher Schicksale und Netzwerke. So liest man täglich in der Zeitung, dass es in den Countrys immer wieder zu Einbrüchen und Morden kommt. Ein verzweifeltes Ringen zweier gesellschaftlicher Kräfte erleben wir: hier der Boom der Elendsviertel, dort der Bauboom der Reichen. Nichts anderes als ein Kampf zwischen Arm und Reich, nichts anderes als eine ungewollte Koexistenz. Welten, nur dem Schein nach gegensätzlich, prallen aufeinander, ohne dass jemand merkt, dass sie nur die andere Seite derselben Medaille sind.

Nachdem ich die dunkle und brutale Seite der Stadt am eigenen Leibe erfahren hatte, fühlte ich mich längere Zeit deprimiert. Sorgen belasteten meine Gedanken, alles war mir zu viel und ich hatte keine Lust – auf nichts. Ich dachte sogar ans Kofferpacken, nur weg, für immer aus dieser Stadt. Oft überkam mich die nackte Angst, der ich mich hilflos ausgeliefert fühlte. Lief ich nachts alleine eine Straße entlang, drehte ich mich unwillkürlich alle paar Meter um, ob mich jemand verfolgte. Mein Herz raste, ich fühlte mich gehetzt.

So lernte ich, öfter Taxis zu nehmen und bestimmte Orte wie das Zentrum, die Plaza Constitutión, Plaza Once, Retiro oder La Boca bei Nacht zu meiden.

„Criminality kills inspiration", antwortete mir Marc, ein irischer Fotografenkollege, weise, als ich ihm erzählte, dass ich mich seit den Überfällen gehemmt, eingeschränkt und blockiert fühlte. Wie recht er hatte. Seit Wochen war ich nicht mehr mit meiner Kamera vor die Tür gegangen und dachte auch nicht über neue Projekte nach. Meine Inspiration war im Eifer der brutalen Gefechte verblüht.

Zum Glück ist die Essenz der Stadt so lebendig, so mitreißend wie der Teufelsschlund an den Wasserfällen von Iguazú. Hatte sie mich bedroht, so half sie mir bald über die schrecklichen Erlebnisse hinweg. Doch die eigentliche Rettung brachte *El día del amigo*, der Tag der Freundschaft. Immer am 20. Juli wird er gefeiert.

Im Nachrichtenspeicher meines Handys sammelten sich schon morgens ein Dutzend SMS. Gratulationen und freundschaftliche Worte las ich freudig auf dem Display. Und eine Einladung von Mariela: Abendtreffen im Freundeskreis, um auf das Leben in Freundschaft anzustoßen. Obwohl mich das Zelebrieren von festgelegten Feiertagen nicht wirklich interessierte, weil ich einen kommerziellen Zweck dahinter vermutete, wurde dieser rote Kalendertag so spontan und herzlich gefeiert, dass ich meine Meinung änderte. Seit dem Überfall im Zentrum sah ich diese freundschaftlichen Anlässe plötzlich als existenziell an. In solch einem fabelhaften Freundeskreis fiel es mir schwer, auf meine negativen Erfahrungen zu insistieren. Ich beschloss, sie einfach in einer weit entfernten Hirnwindung abzuspeichern und mich auf das vorherrschend Schöne zu konzentrieren. Davon hält die Stadt im Überfluss bereit und für Zeitverschwendung ist hier sowieso kein Platz.

August

Eine Stadt im Dunst

Mein Wintermonat August wurde zum Hoffnungsmonat für alle Freigeister. Mit der Entkriminalisierung von Marihuana im privaten Raum ebnete das oberste Gericht den Weg für eine Liberalisierung des Landes. So wurde bald darauf die Ehe gleichgeschlechtlicher Partner legalisiert, was schüchterne Stimmen auf den Plan rief, auch den Schwangerschaftsabbruch zu bewilligen.

Nach monatelanger Diskussion zwischen den verschiedenen politischen Lagern beschloss der Oberste Gerichtshof am 25. August, dass die Bestrafung des Konsums „leichter Drogen", womit vornehmlich Marihuana gemeint ist, verfassungswidrig sei. Damit war der Konsum von Rauschmitteln durch Erwachsene in der Privatsphäre gemäß Artikel 19 der Verfassung fortan geschützt. Diese Neuerung bedeutete, dass der sogenannte Fall *Arriola* neu verhandelt werden musste. Fünf Volljährige aus der Stadt Rosario im Nordwesten, denen wegen des Besitzes von Marihuana-Zigaretten ein Drogendelikt vorgeworfen worden war und eigentlich die Verurteilung drohte, wurden freigesprochen. Der Kabinettspräsident Aníbal Fernández bestätigte, dass mit dem Beschluss der Legalisierung von weichen Drogen das Ende der repressiven Politik der Siebzigerjahre erreicht sei. Er versicherte, dass die Repression, hinter der die USA stecke, weder die Cannabis-Plantagen um einen Hektar verringert noch einen einzigen Drogenring mehr zerschlagen hätte. Obendrein hätte die Repression ungerechtfertigterweise die Konsumenten weicher Drogen den Drogendealern gleichgestellt. Gleichzeitig versicherte er, dass die Regierung trotz der Legalisierung ihren erbarmungslosen Kampf gegen Drogenhändler fortführen und diese angemessen bestrafen werde. Carlos Fayt, Anwalt und Mitglied des Obersten Gerichtshofs, meldete sich ebenfalls zu Wort im Kampf gegen das Drogenkartell, indem er versicherte, dass Legislative und Exekutive ihren Krieg gegen die Dealer, die die wahren Feinde seien, verstärkt fortsetzen werde. Um ein Exempel zu statuieren, wurden die Marihuana-Dealer im Fall *Arriola* – im Gegensatz zu den Konsumenten – mit Gefängnisstrafen belegt.

Die eingeschränkte Zulassung von Marihuana wurde nicht nur von Hippies und Rastas begrüßt, sondern auch von ganz normalen Bürgern, die eine strikte Trennung zwischen harten und weichen Suchtmitteln befürworten. In der ganzen Stadt führten die Befürworter Freudentänze auf und feierten den Sieg über die Repression. Euphorie schwebte wie eine gewaltige Kiff-Wolke über der Stadt, und als ich am Tag der Bekanntgabe zu José nach Lanús kam, hatten sich alle Freunde zu einer Freudenparty im Haus versammelt. Schon auf der Treppe stieg mir eine schwere Mischung aus Marihuana- und Asadogeruch in die Nase. Als Nächstes kam mir mit leuchtenden Augen José entgegen. „Meine Schöne, wir haben viel erreicht!", begrüßte er mich mit einem besonders feinen Zigarettchen in der Hand.

Genau genommen erschöpfte sich die neue Drogenpolitik in Polemik und großem Tamtam. So befand die katholische Kirche, die bis heute in Argentinien, ja, in ganz Lateinamerika einen enormen Einfluss besitzt, den Beschluss für widersprüchlich und schädlich. Der Diakon und Beauftragte des Bischofs in Sachen Drogenpolitik, Horacio Castellano, versicherte, dass die Kirche sich für das Leben einsetze und deshalb den freieren Konsum von weichen Drogen nicht befürworten könne. Die Katholiken brachten weitere Gegenargumente vor: Drogenabhängige würden alleine gelassen; ihr Recht auf Gesundheit werde missachtet; die Verfügbarkeit von Suchtmitteln dürfe nicht erleichtert werden; das Ja zu Drogen öffne Schleusen hin zur Willkür. Aber all diese Gegenargumente konnten die neue, liberalere Politik nicht rückgängig machen.

Diese politischen Polemiken gewannen für mich insofern eine Bedeutung, als dass ich das erste Mal den wahren Sinn der Graffitis, Papierpamphlete und die an Wände gesprühten Parolen, die den öffentlichen Raum überziehen, begriff. Die Volksmeinung hatte ein Ventil gefunden, um die Manipulation der Medien zu umgehen. Der öffentliche Raum und die spontane Berichterstattung von unten stehen jedem offen und werden auch genutzt, frei und ohne Scheu vor polizeilichen Übergriffen. Aber warum benötigt man die Straße, um seiner Meinung Luft zu machen? Nun, die argentinische Medienlandschaft, Rundfunk, Fernsehen und Presse, erinnern an die Italiens. Zu viele Medien sind im Besitz einer Hand voll Magnaten. Sowohl Presse als auch Medien sind in höchstem Maß zensiert. Liest man die Tageszeitung *Clarin*, findet man dort überwiegend Hetzartikel gegen die Kirchner-Regierung, ausgeheckt von der dominierenden und gleichnamigen Mediengruppe Clarin, die anscheinend nur während der Militärdiktatur „systemkonform" berichtete. Die Clarin-Gruppe sieht ihre Rechte wegen der zahleichen progressiven Reformen der Kirchner-Regierung bedroht und schlägt mit einer medialen Hetzjagd zurück, sodass eine unverhüllte Meinungsmache den gesamten Medienapparat beherrscht.

So leicht lässt sich das in wilden Kämpfen geübte argentinische Volk allerdings nicht hinters Licht führen. Es greift zu Mitteln direkter Demokratie und beschriftet die Wände der öffentlichen Gebäude mit fordernden Parolen und Anklagen gegen korrupte Machenschaften, durchaus empört bis wütend. Die Parolen sind im Stadtbild präsent wie die Armada der Busse. Politisch provozierend schmücken sie den öffentlichen Raum, oftmals unmittelbar in Nachbarschaft zu Polizei und Behörden. Wie ein Menetekel steht in schwarzer oder roter Schrift zu lesen: *Die wahre Diktatur geht von der Kirche aus – Macri, spionier nicht in meiner Unterwäsche herum! Mein Körper gehört mir, meine Entscheidung, Abtreibung legal! – Eherechte für alle! Hoch lebe Cristina!*

Zugegeben, Politik ist nicht mein Ding, dafür bin ich zu emotional. Aber ich staunte nicht schlecht, *wie* emotional in Argentinien das politische Geschäft umgetrieben wird. Sachlichkeit ist ein Fremdwort. Über Fakten wird nicht diskutiert, es wird wild gestritten, gedroht, beleidigt, herumgespielt. Jeder will recht haben, jeder seine Interessen durchdrücken. Es erinnert an argentinischen Fußball: Politiker, Journalisten, Medien und Bürger verhalten sich wie ein großer, streitender Kindergarten. Trotzdem enthalten die „Wandzeitungen" der Fassaden von Buenos Aires ein ernsthaftes Moment, denn sie spiegeln die rebellische, authentische und unzensierte Dimension der Stadt wider. Wollte ich wirklich wissen, was das Volk dachte, schaute ich von nun an nicht mehr in die *Clarin*, sondern machte einen Spaziergang durch die Stadt und lenkte den Blick vom brüchigen Pflaster auf die Fassaden.

Mein Lieblingsort ist genau genommen kein Ort, sondern eine Vielzahl von Schritt für Schritt erarbeiteten Örtchen, eben ein Weg. Und zwar der vierzigminütige Weg am Freitagmorgen, der mich um neun Uhr zu meiner Theater-Therapiegruppe quer durch Palermo Soho nach Palermo Hollywood führt. Zu Winterbeginn hatte mir Tangomeister Raúl, mein immer melancholisch dreinblickender Vermieter, beim Kaffee nach der Übergabe der Miete in bar seinen Gestalttherapeuten empfohlen: „Er ist der alte Sokrates in Person", hatte Raúl eindringlich verkündet und mir seine Nummer auf einen kleinen, weißen Zettel notiert. Damals wusste ich noch nicht, was er mit dem alten Griechen gemeint hatte.

Mein Freitagmorgenweg ist ein verschlungener Weg. Womöglich dient es einer Lockerung des Gemüts, bevor ich mit der Therapie beginne. Niemals laufe ich schnurstracks, oftmals zickzack durch das Viertel. Ich variiere gerne, da es nichts Langweiligeres gibt, als immer denselben Weg zurückzulegen. Freitags scheint, als würde der Himmel zustimmen, immer die Sonne, wodurch mir mein Lieblingsweg, der von alten Platanen, Palmen und Kautschukbäumen geschmückt wird, noch exotischer vorkommt. Meistens führt mich meine Route an der Plaza Palermo Viejo, meinem Wohnzimmer, vorbei. Manchmal kaufe ich mir am Eingang des Platzes bei der blonden Frau mit den pinkfarben lackierten Fingernägeln einen *mate cosido*, der nicht wie üblich mit *bombilla* und aus einem Gefäß getrunken, sondern mit einem Teebeutel aufgebrüht wird. Von einem Rollwagen, gefüllt mit Thermoskannen, verkauft die Frau jeden Morgen für fünfzig Cent heiße Getränke an die Passanten und macht ein gutes Geschäft. Nach der erfrischenden Teepause biege ich gerne auf die Straße Costa Rica ein. Dort gefallen mir die bunten Häuser besonders gut, eins ganz in Blau-rot gestrichen, ein anderes mit Graffitis besprüht, alle einstöckig und die Fassaden mit Stuck verziert. Ob ich mir hier eine kleine Wohnung mit Balkon mieten sollte? Aber ein Blick ins Schaufenster des nächsten Immobilienbüros verrät mir, dass ich in meiner Wohnung in der Straße Malabia gut und günstig aufgehoben bin. Gleich stoße ich auf den Mini-Supermarkt der Chinesen, an dessen Fassade in leuchtendem Rot *Amor* geschrieben steht. Dort besorge ich gewöhnlich den Rest meines Frühstücks. Vom Supermarkt aus geht es weiter, am geselligen Buchladen Crack Up vorbei, der neben einem anspruchsvollen Sortiment auch über ein Café verfügt. Als Nächstes überquere ich die Straße J. L. Borges (hier hat der im Alter erblindete Dichter seine Kindheit in der Nummer 2135 verbracht). Vorbei an kleinen Boutiquen, einem Kiosk, einer Apotheke und einer Eisdiele, vor der bis vor Kurzem ein sympathisch lächelnder Carlos Gardel aus Pappe stand, bis hin zur Straße Thames laufe ich immer geradeaus, erst jetzt biege ich nach Norden ab. Auf dieser Route meide ich die am Morgen sehr geschäftige Plaza Cortázar. Vier Stunden später, auf dem Rückweg, lockt sie mich allerdings an, denn dann sind die Stände der Kleinkünstler und Straßenverkäufer aufgebaut. Einmal kaufte ich mir eine Kette aus den rotschwarzen Hülsenfrüchten des Huayruro-Baums vom Amazonas. Ein anderes Mal einen grünblau schimmernden Federohrring mit einem violettfarbenen Amethysten. Ich musste lächeln und fasste mir ans Ohr, ja, da hing er, der Ohrring von der Plaza Cortázar. Wie ich an mir hinabschaute, verging mir das Lächeln. Ziemlich amerikanisch, die Lady. Rote Converse, Blue-Jeans, Aparell-T-Shirt, na ja, eben bequem. Aber nicht mehr lange. Schon in einer halben Stunde würde ich die Königin von Argentinien sein und eine lange, glitzernde Robe tragen. In meiner Therapie-Theatergruppe wartete dieses Kleid schon auf mich. Der Ohrring würde dazu fabelhaft passen! Mein Lächeln kehrte zurück, ich lief schneller.

Von der Thames geht es Richtung Avenida Córdoba bis zur Straße Honduras hoch, wo ich in westliche Richtung abbiege. Geht man einen Weg viele Male, wird er einem vertraut wie ein Mensch, der zur Familie gehört. So füllen sich Landmarken und Namen mit der Zeit mit Inhalten und Erlebnissen. Nie lief ich alleine durch die Gegend, immer begleitete mich brummend mein Lieblingsbus, der braunweiße 39er, der im Siebzigerjahre-Design gehalten ist. Wäre ich ein Oldtimer-Freak, ich würde mir den sofort kaufen.

Langsam komme ich außer Atem, aber ich bin noch nicht am Ziel. Vor mir liegen der Nachtclub Kika, ein paar teure Designerläden und Restaurants. Der Rubikon meiner Pflastertour sind die Schienen einer verschlafenen Eisenbahn. Dort, wo Palermo Soho zu Palermo Hollywood wird, trennen sie wie eine Art Demarkationslinie den freien Raum zwischen den beiden Palermos. Der verrostete Schienenstrang des Nahverkehrszuges San Martín zieht mich an wie ein Magnet. Mittlerweile, ich bin doch schon zwei Kilometer gelaufen, ist die Gegend alles andere als lieblich. Mit der vierspurigen Avenida Juan B. Justo, der überfüllten Shell-Tankstelle und den vielen Blechhangars und Werkstätten eher ein Industriegebiet. Wenn ich nach Norden schaue, die Schienen entlang bis zum Schweizer Krankenhaus, erblicke ich eine traurige Ansammlung von Blech- und Bretterhütten der Cartoneros, den Müllsammlern der Stadt, viel Abfall und streunende Hunde. Kein Disneyland, eher ein Müllplatz. Und trotzdem fasziniert mich etwas an diesem Ort. Ist es seine Verwegenheit, seine Existenz im Nirgendwo, sein Outlaw-Charakter, der mich an einen Italo-Western erinnert?

Immer halte ich hier einen Moment inne und schaue, bevor ich meinen Weg Richtung Palermo Hollywood fortsetze. Es ist ein besonderer Moment, den ich nicht bestimme und in dem sich meine Augen wie die Tentakel eines Octopus am Bild, das sich vor mir auftut, festsaugen. Sie haben keine andere Wahl, können in diesem Augenblick nur diese Szenerie anstarren.

Endlich, eines kalten Morgens, wird mir bewusst, was das Besondere an diesem Platz ist: Er ist ein offener Raum. Keine Hochhäuser in der Nähe. Nur von Weitem sehe ich enorme, grau schimmernde Gebäude. Der Himmel ruht ausgebreitet wie das Meer, von Macht und Schwere bedroht, immer in Gefahr, herunterzufallen aus seiner erhabenen Position. Oft ist er kristallblau, manchmal gesellen sich Wolken dazu. An meinen Wanderfreitagen verwandelt er sich in eine gigantische Sphärenkuppel, die das gesamte Universum zu umfassen scheint. Als ich nach oben schaue, bilde ich mir ein, dass ich die Rundung des Erdballs genau an dieser Stelle sehen kann. Auch steht die brutale Kargheit des Ortes im harschen Gegensatz zum bunten und lieblichen Rest des Weges.

Der Ort an den Gleisen ist ein Ort, an dem man nicht verweilt, man zieht vorbei. Sowohl die Müllsammler als auch Busse, Autos und die Passagiere im fahrenden Zug sind keine Bleibenden. Ein Moment-Ort, der immer in Bewegung zu sein scheint, fast so, als gäbe es ihn nicht, fast so wie Buenos Aires selbst. Ich bin mir fast sicher, dass dieser Platz bald schon nicht mehr existieren wird. Schon erahne ich mondäne Hochhäuser und trendige Bars. Bisweilen steigt aus den Elendshütten entlang den Schienen Dampf auf, der von einem Feuer oder einem Kocher herrühren muss und der die Vergänglichkeit des Ortes zusätzlich unterstreicht.

Wenn ich Glück habe, bimmelt es ungestüm, dann senken sich die weiß-roten Schranken, die Autokarawane hält inne, und alle warten gespannt und ungeduldig auf den durchfahrenden Zug, nur um selbst weiterfahren zu können. Wie ein Metalltier windet er sich in seinen quietschenden Gliedern, schwer beladen und blau-weiß, am Morgen auf den eisernen Gleisen, die ihm eine Spur aufzwingen und ihn am Ausbrechen hindern. In den Waggons stehen Türen offen, Menschen lehnen sich an oder sitzen in den Türen, um die klare Morgenluft einzuatmen oder zu rauchen. Sie sind Reisende, genau wie ich. Ein unglaubliches Getöse steigt in die Luft und bringt mich zurück in meine Kindheit, zur Südbrücke am Rhein. Dort hatte ich mit Vater, Mutter und Bruder oft gestanden und auf die rostfarbenen Frachtzüge gewartet, unter uns der rastlose Fluss. Mit meinen kleinen Händen hatte ich mir die Ohren, manchmal auch die Nase zugehalten, um dem Krach der vorbeirauschenden Züge standzuhalten. Dann lachten wir alle über meinen Streich. Welch eine Kinderei, die Nase bei Lärm zuzuhalten! Glücklich war ich in diesem Augenblick, dort oben, über dem geliebten Rhein, dessen Weg von Köln nach Mannheim und weiter bis Basel führt. Glücklich stand ich über dem Fluss, und viele Jahre später lernte ich die Zeilen Heinrich Heines kennen, die mir für immer ins Gedächtnis geschrieben sind. Die geliebten Eltern gaben mir das Gefühl der Stärke und des Schutzes, hoch oben auf der Brücke, zur Linken der Römerpark, zur Rechten die Pollerwiesen und vor mir der vertraute Dom. Das war auch Heimat.

Die Schranken gehen hoch, ich kann weiter. Sind die Schienen überschritten und die lärmende Avenida Juan B. Justo überquert, komme ich zu dem Teil, den ich von nächtlichen Eskapaden kenne: Palermo Hollywood. Dort tummeln sich Kneipen aller Art, Nachtclubs und Restaurants. Bevor ich die Kneipe Unico passiere, spaziere ich an dem Bücherladen Eterna Cadencia vorbei. Der Ort des Geistes bietet vor allem Bücher zeitgenössischer argentinischer Autoren wie Martín Kohan, Claudia Piñeiro oder Carlos Gamerro an. Diese Größen treffen sich ab und zu auf einen Kaffee im Buchladen, um mit Pedro, dem Besitzer, ein Schwätzchen zu halten. Alles sehr informell, alles sehr locker, Buenos Aires eben.

Uff! Ganz schön weit gelaufen. Aber der Weg ist bekanntlich das Ziel. Von der Eterna Cadencia sind es nur noch ein zwei Blocks, und ich habe mein Ziel erreicht. Voller Eindrücke, die sich vor dem Eintreten nochmals wie ein Film im Schnelldurchlauf abspulen, erreiche ich das alte Haus, in dem

die Therapiegruppe stattfindet. Glauben Sie mir jetzt: Mein
liebster Ort der Stadt ist ein Weg.

„Lisel, ich habe eine tolle Galerie für deine Fotos gefunden",
berichtete mein Vater Michael aufgeregt, als er von einem
Spaziergang durch Palermo zurückkam. Vor ein paar Tagen
war er aus München eingeflogen und amüsierte sich bereits
prächtig. Auch wenn er kein Spanisch spricht, kam er dank
seiner exzentrischen Art spielend mit jedem Fremden ins
Gespräch. Seine Konversationen waren ein Mischmasch aus
Deutsch, Englisch, Kroatisch, Italienisch und einer Prise Spanisch. Hauptsächlich aber redet er mit seinem rudimentären
Italienisch auf die Leute ein. Es war zwecklos, ihm die oft
sehr ähnliche spanische Version der Worte und Ausdrücke
beizubringen.

Nach seiner Beschreibung zu urteilen, musste die entdeckte Galerie großartig sein. „Lass uns gleich mal vorbei-
gehen", sagte ich interessiert und rief José an, dessen Anwesenheit ich bei solchen Unternehmungen sehr schätzte.
Erleichternd kam dazu, dass mein Vater und er sich blendend verstanden. Wir machten einen reifen Trapiche Malbec
aus Mendoza auf, während wir auf meinen Freund warteten.

Nachdem José eingetroffen war und alle sich herzlich
begrüßt hatten, spazierten wir plaudernd und leicht ange-
schickert zur Galerie. Diesmal führte uns mein Vater durch
die Straßen Palermos zu einem einstöckigen Gebäude in
klassizistischem Stil, das offensichtlich vor Kurzem mit viel
Geld renoviert worden war. Die hell gestrichene Fassade wirkte einladend, wir standen davor und staunten, denn umran-
det von Stuck und Friesen tat sich ein großes Galeriefenster
auf. Hinter dem beleuchteten Schaufenster sahen wir einen
in warmen Farben gestrichenen Raum, der trotz der Ocker-
töne auf mich sachlich wirkte. Ringsum hingen große, ab-

strakte Bilder in leuchtenden Acrylfarben an den Wänden. Obwohl die Glastür offen stand, zögerten wir, einzutreten. Plötzlich hörte ich ein Lachen in meinem Rücken. Als ich mich umdrehte, entdeckte ich José auf der gegenüberliegenden Straßenseite. Zum Rauchen hatte er Abstand genommen und konnte das Haus von weiter weg genau betrachten. „Kommt mal rüber, von hier aus könnt ihr den Namen der Galerie besser erkennen", rief er feixend. Mein Vater und ich überquerten die schmale Straße. Als ich neben José stand und auf die „Galerie" blickte, wurde mir klar, warum er vergnügt gelacht hatte. In großen Lettern leuchtete über dem Eingang *Velatorio*. José und ich stießen uns an und kniepten meinem Vater zu. Der schaute verwirrt und fragte mich auf Deutsch: „Was ist denn so lustig an der Galerie?" Amüsiert und mit einer kleinen Genugtuung antwortete ich: „Hör mal, Vater, du hast für die Fotos deiner Tochter keine Kunstgalerie, sondern die Trauerhalle eines Beerdigungsinstituts ausgesucht!" Alle drei mussten wir Tränen lachen, und José rief als Erster: „Darauf stoßen wir an!" Wir warfen einen letzten Blick durch das erleuchtete „Galeriefenster" in den stillen Raum, bevor wir bestens gelaunt auf ein Steak in die nahe gelegene Parrilla gingen.

In den nächsten Besuchswochen unterhielt uns mein Vater immer wieder mit lustigen Missverständnissen und Verwechslungen, die wir seinen begrenzten Sprach- und Kulturkenntnissen und seiner blühenden Fantasie zu verdanken hatten. Als wir mit Josés Familie aufs Land fuhren, sprach er mich während der Autofahrt mehrmals an und zeigte mal nach links, mal nach rechts auf den Straßenrand, der von Bäumen gesäumt war. „Es ist ein Skandal, dass hier so viele Menschen bei Autounfällen ums Leben kommen! Die können wohl alle nicht fahren!" Verwundert fragte ich ihn: „Wie kommst du denn darauf?" „Hast du nicht die zahlreichen roten Gedenkstellen entlang der Straße gesehen?" Ich erklärte ihm schmunzelnd, dass diese Stätten nicht an Verkehrstote erinnern sollen, sondern dass dies Altäre seien, die zur Huldigung des volkstümlichen Gauchito Gil aufgestellt wurden.

Der „Kleine Gaucho" stammt ursprünglich aus der nordöstlichen Provinz Corrientes und wurde über zwei Jahrhunderte zur Legende. Heute wird er im ganzen Land als Heiliger verehrt, auch wenn ihn der Papst und die Amtskirche in Rom nicht offiziell heiliggesprochen haben. Gauchito Gil gilt als der Schutzheilige der Autofahrer, vor allem aber der Lastwagen- und Busfahrer. Ihm zu huldigen verheißt eine sichere Fahrt, *¡Que tengas buen viaje amigo!* Auf eine gute Reise, mein Freund!

Sobald ich meinem Vater die eigentliche Bedeutung der rot schimmernden Altäre erklärt hatte, mache er sich daran, die abenteuerliche Legende des Gauchito Gil mit irgendeinem App seines iPhones zu googeln, und war für den Rest der Fahrt nicht mehr anzusprechen.

Auch unser gemeinsamer Besuch in La Boca, dem traditionellen Tango- und Fußball-Viertel, gestaltete sich dank der exzentrischen Ader meines alten Herrn unterhaltsam.

Das ehemalige Immigranten-Viertel, wo im 19. Jahrhundert neben San Telmo der Tango entstand, gehörte zu den Armenvierteln von Buenos Aires. Ihre Behausungen bauten die Bewohner des Hafenviertels am Riachuelo aus Wellblech, Balken und Brettern, welche sie mit den übrig gebliebenen Anstrichen der Werften, die nicht mehr für die Dampfer benötigt wurden, gelb, grün, rot und blau bemalten. Bis heute sind die knatschbunten kleinen Häuser neben dem Boca Juniors Fußballstadion das Markenzeichen der Gegend. Sie weisen wie Boten einer vergangenen Ära auf bunte Zeiten hin. Auf den Straßen in diesem abenteuerlichen Milieu tanzten – wegen Frauenmangels – anfangs Männer mit Männern. Erst nachdem die Immigranten ihre Familien nachgeholt hatten, etablierte sich der Geschlechtertanz, der Tango für Frau und Mann. Das Viertel wurde zur Spielwiese der *compadritos*, der Messerstecher und Kleinkriminellen, deren glorreiche und verwegene Charaktere in vielen Tangos besungen werden. Heute trägt die örtliche Touristenattraktion den Namen *El Caminito* und ist eine gepflasterte Gasse, deren Name auf dem berühmten Tango von Juan de Dios Filiberto beruht. Wer einem Taxifahrer diese Adresse nennt, der gelangt gewiss ans Ziel – in eine Touristenfalle. Überquellend von überteuerten Restaurants, ordinären Souvenirshops und mittelmäßig tanzenden Tango-Straßentänzern, wird dem Touristen der Tango als fotogenes Entertainment verkauft. Auf diesem falschen Jahrmarkt langweilte sich mein Vater, der Seitenstraßen, Gassen und authentische Abenteuer liebt, schnell. Gradewegs verließ er die Hauptroute und machte sich auf, in den Gässchen des eigentlich interessanten und authentischen Viertels zu schnüffeln. Seine Tochter folgte ihm nur zögernd, denn sie wusste, dass die Gegend nicht die sicherste ist. Schon sah sie ihren Vater an eine fremde Tür klopfen und in einem ziemlich abgewrackten Altbau verschwinden. Wie so oft, lud er sich in die Privatsphäre fremder Menschen ein, was in diesen Breitengraden zum Glück kein Problem erzeugt, sondern im Gegenteil Freude auf die Gesichter zaubert.

Toll, was sich hinter schäbigen Fassaden doch alles verbergen kann. Nach ein paar Schritten standen wir mitten im Atelier des Malers und Skulpteurs Mariano, dem mein Vater eine wild anmutende Malerei abkaufen sollte. Michael war wie elektrisiert. Nach kurzem Wortwechsel, aus dem ich das Wort „Pesos" heraushörte, überreichte ihm Mariano die große, bunte Leinwand. Jetzt war er nicht mehr zu halten, La Boca hatte ihn angefixt. Nach dem Kunstkauf flirtete er mit

einer aparten und mindestens dreißig Jahre jüngeren Tango-
tänzerin, die eben einen Kurs im gleichen Haus abhielt.
Ungefragt lief er durch die leeren Räume, murmelte immer
etwas von „klasse Immobilie" und stieß bald hinter einer Bar
aus rostigen Eisenstäben, natürlich ein Kunstwerk Marianos,
mit den Argentiniern auf *ever lasting friendship* an. „Tolles
Viertel!", rief mein Vater mit leuchtenden Augen zu mir herüber, während ich sprachlos am Rande der skurrilen Szene
stand.

Als Nächstes bekam er Hunger. Natürlich wollte er nicht
wie jeder stinknormale Tourist entlang der Nepp-Gasse in einem der überteuerten Restaurants essen. Ihm stand der Sinn
auf was Ursprüngliches, auf eine Parrilla der Einheimischen.

In einer Seitengasse landeten wir im El Paraíso, im *Paradies.* Der Name war ein Euphemismus, denn das Paradies
erstreckte sich über einen heruntergekommenen Patio, in
dem eine Kolonie verdorrter Pflanzen, zwei Autowracks und
Stapel von Paletten seit Jahren Regen und Sonne trotzten.
Mitten hinein in die öffentliche Rumpelkammer hatte eine
geschäftstüchtige Criollo-Hand einige wackelige, bunt be-
kleckste Stühle und Tische gestellt, was meinen Vater nicht
im Geringsten störte. Kaum dass wir saßen, knallte uns der
Kellner statt dem ersehnten *asado* ein paar kalte Empanadas
und eine XXL-Flasche Quilmes-Bier auf den Tisch. „Asado
gibt's grad nicht, da müsst ihr zwei Stunden warten", war des
Kellners lapidarer Kommentar. Auf einem Stuhl an der Wand
saß grummelnd der Boss des Ladens, um die Gäste abzu-
checken. An seinen Wurstfingern und im Mund blitzte Gold.
Aha, dachte ich. Diese Leute, die uns so prompt bedienen,
würden uns mit großer Wahrscheinlichkeit des Nachts aus-
rauben. Also auf die Handtasche aufgepasst. Meinem Vater
gab ich einen Wink, seine Kamera im Auge zu behalten. Wenigstens herrschte im Rumpelhof eine authentischere Atmo-

sphäre als ein paar Straßen weiter, durch die sich zur Mittagszeit bereits Touristenmassen schoben. Wie ich zur Seite sah, entdeckte ich ein unzufriedenes Gesicht. Schon hörte ich: „Per favor! Come here!" O Schreck, mein Vater hatte den schmalen und hochgewachsenen Kellner mit seinem Sprachwirrwarr an unseren Tisch kommandiert. Sofort verflog meine Gelassenheit, denn Michael hatte eben den Fehler Nummer eins im Umgang mit argentinischem Personal begangen, er hatte sich mit grobem Ton über die Qualität der Küche und den schlechten Service beschwert. Aus den Augenwinkeln konnte ich beobachten, wie das sonnengegerbte Gesicht des Kellners erstarrte. Er war in seiner Ehre gekränkt und stolzierte mit einem Achselzucken weg von unserem Tisch.

Mein Vater konnte nicht wissen, dass statt *Der Kunde ist König* in Argentinien die Regel *Das Personal ist König* gilt. Niemals darf man einem argentinischen Kellner widersprechen und seine unangefochtene Autorität untergraben, will man nicht in Ungnade fallen. Möchte der Kunde nett und zuvorkommend bedient werden, muss er es anstandslos hinnehmen, dass das Personal das Sagen hat und dass es zwecklos ist, ihm zu widersprechen.

Um die Schieflage wieder zu richten, setzte ich mein bezauberndstes Lächeln auf und erklärte dem zurückgekehrten, mürrisch dreinblickenden Kellner in meinem besten Spanisch, dass der Herr am Tisch mein Vater sei, der den ganzen, weiten Weg aus Deutschland auf sich genommen habe, um Buenos Aires kennenzulernen. Im Übrigen sei er ein großer Bewunderer der argentinischen Kultur. Als Nächstes erzählte ich, wie außerordentlich gut es meinem Vater in dieser Lokalität gefalle. Mit jedem Satz, den ich dem Kellner zuzwitscherte, entspannten sich dessen Gesichtszüge. Am Ende meines zirpenden Monologs hieß er meinen Vater mit einem stolzen Lächeln herzlich willkommen in seinem Land und stellte sich als Adrian vor: „*Bienvenido a mi tierra señor. Yo soy Adrian, encantado.*" Zackig machte er kehrt und verschwand wie ein geölter Blitz in der Küche, nur, um kurz darauf mit einem Mate-Set wieder zu erscheinen. In der Runde wollte er mit uns zusammen trinken und die deutsch-argentinische Freundschaft besiegeln. Mein Vater, der von meinen Einrenk-Aktionen nichts mitbekommen hatte, nahm die *bombilla* neugierig in die Hand und sog die bittere grüne Flüssigkeit durch das Metallröhrchen in den Mund. Sogar Adrian, der neben ihm Platz genommen hatte, sah auf einmal höchst zufrieden aus. Uff, ich konnte aufatmen.

Bald darauf schlenderten wir versöhnt mit La Boca und Adrian durch ein blaugrünes Holztürchen in den angrenzenden Garten hinüber. Auf groben Balken vom Bau stand eine kleine gezimmerte Bühne unter einem großen Kautschukbaum. Auf den Brettern saß ein dicker, silberhaariger Mann und spielte auf einem Bandoneon. Neben ihm erblickte ich, nahe dem Holztürchen, eine dicke, relativ junge Animierdame, der fast alle Zähne fehlten. Anscheinend konnte sie nur noch flüssige Nahrung zu sich nehmen, denn sie war schon ziemlich beschickert, wie sie den Flanierenden mit einem kehligen Lachen zurief: „Kommt rein! Nur herein, ihr lieben Leute! Hier bei uns im Paradies gibt's Live-Musik und leeeckeres *asado*!" Immerfort grölte sie fröhlich diesen Spruch.

Als wir das Herz von La Boca verließen, verabschiedeten sich der vergoldete Boss, der sonnengegerbte Adrian und die in einer fettigen Schürze herbeigeeilte Köchin von uns. Die zahnlose Eingangsdame schwang ihre dicken Arme durch die Luft. Wir standen schon auf der Straße, als sie mir fröhlich hinterher rief: „Heyyyy amigaaa, viel Glück und bis bald!"

Mal abgesehen von der überreizten Tourigasse *El Caminito* ist La Boca ein aufregendes Künstlerviertel, das wusste ich spätestens seit dem Besuch mit meinem Vater.

September
Coca-Cola, Facebook und Kultur

„Eigentlich ein wunderschöner Ort in all der Pracht, aber so schlecht erhalten, richtig verkommen, eine Schande", sagte ich enttäuscht, als José und ich die ehemalige deutsche Brauerei verließen. Das traditionsreiche Gebäude liegt an der Costanera und wird heute als Museum genutzt. José sah mich ernst an und ich merkte sofort, dass ihm nicht zum Spaßen war. „Vor deinen Augen ist eben die Geschichte Argentiniens aufgetaucht. Um die Jahrhundertwende stand dieses Land in der Hochblüte seiner Historie. Buenos Aires war damals eine der reichsten Städte der Welt. Was ich sage, ist nicht Angeberei. Den Prunk und früheren Reichtum haben wir gerade gesehen. Auch durch die Architektur der bombastischen, im Art-Nouveau-Stil erbauten Gebäuden im Zentrum entlang der breiten Avenidas ist dies belegt. Sieh dir doch nur den Palacio Aguas Corrientes, den Palacio Barolo oder das Teatro Colón an. Verdammt beeindruckende Bauten. Aber der einstige Reichtum reduziert sich heute, wenn überhaupt, auf einen nostalgischen Gedanken in den Köpfen der Porteños. Den traurigen Umgang mit der Geschichte haben wir eben im Biermuseum erlebt. Wie ich diese Gleichgültigkeit verachte!" Verdrossen schaute mich mein Freund an. Seine Kritik erinnerte mich an eine Unterhaltung mit Federico, meinem Kurator im Centro Cultural Recoleta. Ihn, der es immer eilig hat, bekam ich nicht oft zu Gesicht. Aber in der kurzen Zeit, die ich mit ihm verbrachte, beeindruckte er mich durch seinen Scharfsinn. Bei einem unserer Treffen saßen wir in einem hellen Raum, tief im Bauch des riesigen Staatsmuseums, das direkt an den Friedhof Recoleta grenzt und früher ein Franziskanerkloster gewesen war. Umzingelt von langen, weiß gekalkten Korridoren, hatten wir in einem kargen Raum an einem bescheidenen Holztisch gesessen und über das Konzept meiner Ausstellung *Beyond the Surface – Women's Facets* gesprochen. Obwohl dieses inspirierende Treffen schon Monate zurückliegt, erinnere ich mich noch genau. Es war ein grauer Tag, die Wolken hingen so tief, dass man Lust bekam, sie zu ergreifen. Vor uns lagen meine Fotos im Format 10 x 15 cm ausgedruckt, damit wir anschaulich über das Arrangement der Bilder im Prometheus-Saal nachdenken konnten. „Die Klarheit deiner Fotos ist erstaunlich, ganz und gar nicht argentinisch. Deswegen will ich, dass du an diesem lichten Platz ausstellst! Unsere Kulturen können viel voneinander lernen!", rief Federico erfreut. Wie ein Gummiball sprang er vom Tisch auf und lief zum Panoramafenster. Als er vor der enormen Öffnung in der dicken Steinwand stand – ich sah ihn vor dem metallgrauen Himmel, als sei er ein Scherenschnitt –, winkte er mir ungeduldig zu, ich solle neben ihn treten. Gerne folgte ich seiner Aufforderung.

Mir verschlug es den Atem, dicht vor meinen Augen bis weit in den Horizont hinein tat sich eine fantastische Welt auf. Grau in Grau lagen verschlungen der Himmel, Tausende von Gräbern und marmorne Grabstätten. Es gab kein Vertun, unser Raum lag auf der Rückseite des ehemaligen Klosters und kam mir vor wie eine Aussichtsplattform auf den berühmtesten Elitefriedhof Lateinamerikas. Die vordersten Grabstätten hätte ich mit der Hand greifen können. Aber ich stand hinter der Scheibe neben meinem Kurator und schaute hinaus auf eine morbide, versteinerte Welt.

Mit Steinengeln, Säulen, Kapitellen und Rundbögen waren die Stätten der Toten, die an Miniaturhäuser erinnerten, verziert. Voll gestellt mit Devotionalien und unzähligen Kuriositäten standen sie vor uns wie Boten aus dem Jenseits. In ihrer einmaligen Homogenität ergaben sie eine Totenstadt inmitten der Stadt. Schon viele Male war ich durch dieses Reich der Toten spaziert, hatte einzelne Stätten mit meinen Blicken und Händen erkundet und auch damals, von Tante Beatriz' Balkon aus, konnte ich von Weitem die riesige Grabstätte sehen, aber noch nie war es mir möglich gewesen, sie von oben, sozusagen aus der göttlichen Warte und aus so geringer Distanz zu betrachten. Federico, dessen Augen durch eine modische Nickelbrille enorm groß wirkten, ließ seinen rechten Arm vorschnellen und fuchtelte mit seinem langen Zeigefinger in Richtung etlicher zerbrochener Glasdächer, die trüb über den Stätten hingen. Viele von ihnen hielten nur noch Scherben der Erinnerung an bessere Zeiten bereit. „Weißt du, was hier in diesem Jahr passiert ist?", fragte er mich mit zusammengekniffenen Augen und angeekeltem Gesicht. Ich zuckte mit den Achseln. „Als an Domingo Faustino Sarmientos Grab, immerhin war er von 1868 bis 1874 Präsident von Argentinien, eine Gedenkfeier abgehalten werden sollte, musste sein Grab, das da hinten links, erst von Horden von Ratten befreit werden! Ist das nicht eine Katastrophe? Da verrottet die Grabstätte eines wichtigen Staatsmanns! Die Gräber sind in einem schrecklichen Zustand, alles ist kaputt und in der Tiefe vermodert. Und das, meine liebe Lisa, was du hier vor Augen hast, ist die wahre Geschichte unseres Landes. Die einst blühende Kultur vermodert und verrottet, weil sich niemand um sie kümmert, weil es keinen interessiert! Macht und Geld sind inzwischen wichtiger als Kultur, Bildung und das Bewahren unserer souveränen Geschichte. Ein verkommenes, egoistisches Volk ist das hier."

Ich schluckte, das war starker Tobak. Immerhin aus dem Mund eines Argentiniers. Hatten er und mein Freund José recht mit ihrem vernichtenden Urteil oder übertrieben sie heißblütig, weil sie durch wiederkehrende, instabile politische und ökonomische Zustände verbittert waren?

Würde man die Nation nach ihrem Coca-Cola-, Facebook, Plastiktüten- und Fleischkonsum beurteilen, wäre sie wohl so etwas wie ein kulturloser Haufen. Unter den Softdrinks steht die kaffeebraune Coca-Cola auf der Getränkeliste ganz oben. Cola versus Mineralwasser könnte man den Wettkampf auch nennen, wissend, wer der Verlierer ist. Das amerikanische Zuckergetränk, manchmal auch in der Zero-Variante, ist aus dem kollektiven Gedächtnis und Geschmack nicht mehr wegzudenken. Schon allein wegen der nationalen Trinkkombination Fernet-Coca steht es ganz oben auf der Konsumliste. Diese Vorliebe geht sogar so weit, dass man in manchen Geschäften kein Mineralwasser bekommt, und das Leitungswasser ist so gechlort, dass es nur abgekocht genießbar ist.

Auf einem Konzert der afrikanischen Reggae-Legende Alpha Blondy im Luna-Park-Stadion, immerhin eine der berühmtesten Konzertbühnen von Buenos Aires, erlebte ich nicht nur einmal, dass Wasser eine Mangelware ist: Schwitzend in der grölenden Menge, bei vierzig Grad, in einem geschlossenen Raum, konnte ich von einem Glas Wasser nur träumen, während von fliegenden Verkäufern Coca-Cola in Plastikbechern angepriesen wurde. Als ich den Verkäufer nach Wasser fragte, guckte er mich an, als hätte ich ihn um ein Händchen Kokain gebeten. Auch auf anderen Veranstaltungen lief es ähnlich, matschbraunes Zuckergetränk statt klares Wasser. Dasselbe an Kiosken. Anscheinend können diese Lädchen ohne das gesunde Getränk, nach dem sowieso nur ein paar Touristen verlangen, existieren. Auf Reisen in den *micros*, den äußerst luxuriösen Langstreckenbussen, ergeht es dem Gast nicht anders. Während Snacks, warme Speisen mit Dessert und Kaffee freundlich serviert werden, ist *agua*, Wasser, ein Fremdwort. Obwohl ich Fan der stillen Quelle war, musste ich immer wieder den Eindruck gewinnen, dass das süße, mit Koffein versetzte US-Getränk die Argentinier und bald auch mich in eine heimliche Abhängigkeit gezwungen hatte.

Eine neue Leidenschaft der jungen Argentinier ist das Internet. Messenger Chat und Facebook sind nicht mehr aus dem Leben wegzudenken. Nichts geht ohne online. Facebook sickert wie Honig durch alle Poren der Gesellschaft, hinterlässt aber mit seinen klebrigen Eigenschaften einen Geschmack, den man nicht mehr so leicht loswird. Alle haben Facebook, alle reden drüber, alle „connecten" sich mithilfe des digitalen Forums. Wer hat mehr „Freunde"? Wer hat wann was *geposted*? Was hat der angesagte Schwarm heute für neue Fotos hochgeladen? Es vergeht nicht ein Tag, an dem Facebook nicht Gesprächsthema Nummer eins ist und in den Himmel gelobt wird. „Wie, du bist nicht bei Facebook? Dann bist du auch keine Argentinierin!" Gehört jemand nicht zur virtuellen Gemeinde, kann es passieren, dass er unverständig beäugt wird. In einer äußerst kontaktfreudigen Gesellschaft gehört es schließlich zum guten Ton, sich vierundzwanzig Stunden lang einer virtuell-sozialen Kontrolle auszuliefern. Selbst die Heiligen haben einen Facebook-Account. Wie sollte sich auch sonst der unter den Einheimischen oft frequentierte Patron der *causas urgentes*, der eiligen Angelegenheiten, Señor San Expedito, up to date halten, besäße er nicht ein Facebook-Profil im World Wide Web.

Mal abgesehen von Cola- und Facebook-Moden kann man in Buenos Aires, trotz Josés und Federicos Kritik, in einer Flut musischer Reize baden. Mit ihrem überwältigenden Angebot an kulturellen Veranstaltungen lässt die Stadt jeden Kunstliebhaber jubilieren. Alan, der georgische Kurator der Galerie La Guanaca Azul, hatte mal in einem Anflug von Größenwahn versucht, einen Jahreskulturkalender von Buenos Aires zu erstellen. Seine übermütige Idee war es gewesen, sämtliche Events zu sammeln und in einem Überblick aufzulisten. Schon bald gab er dieses Vorhaben wieder auf, um sich realistischeren Angelegenheiten zu widmen. Aufgrund der Fülle ist es unmöglich, alle Veranstaltungen von Theater, Kunst, Tango, Musik und Kino auf ein paar Seiten Papier zusammenzufassen. Mein Pariser Freund Pierre sagte mir über seine Stadt einmal, dass sie ihn verschlinge und ihn in ihrer kulturellen Vielfalt manchmal fast verrückt mache. In *einem* Leben könne man unmöglich dem gesamten kulturellen Programm gerecht werden. Pierre hielt allerdings dieses ständige Gefühl des „Nicht-Genügens", provoziert durch das kulturelle Übermaß, für äußerst fruchtbar. Und er hatte recht. Was er zu Paris gesagt hatte, traf auch auf Buenos Aires zu: Das kulturelle Übermaß der Stadt war ansteckend. Es wirkte sich inspirierend auf den eigenen Schaffensdrang aus.

Ich hörte mir nur halbherzig die kritischen Stimmen von José und Federico an und erinnerte mich stattdessen an Pierres Rede, denn lieber genoss ich in vollen Zügen ein Leben, das von kultureller Vielfalt nur so strotzte. Ich würde diese Septembertage als romantisch-leidenschaftliche Tage bezeichnen, ohne diese Wertung allzu ernst zu nehmen. Mariela, meine gewiefte Porteña-Freundin, meinte eines Abends, wir saßen in einer Kneipe in San Telmo und unterhielten uns über die Kultur der Stadt: „Erstens: Buenos Aires besitzt nach London die meisten Theater der Welt. Und zweitens: Eine Doktrin der Ernsthaftigkeit existiert hier nicht!" Und tatsächlich, Buenos Aires ist ein ewig wacher und überdrehter Jahrmarkt. Die im Zentrum gelegene Avenida Corrientes erinnert mit ihren zahlreichen Theatern und Kinos an den Broadway mit dem Time Square: immer wach, immer blinkend, immer aufgetakelt für den großen Auftritt.

Vom Obelisken, dem eigentlichen, 1936 erbauten Wahrzeichen von Buenos Aires abgehend, ist die breite Avenida Corrientes eine pausenlos pulsierende Ader mit Pizzerien, Antiquitätenshops, Buchhandlungen, Drogerien, Supermärkten und Erotik-Shops. Der Porteño weiß genau, wo er hier um zwei Uhr morgens Amüsement und seine Pizza finden kann.

Um das urbane Kulturspektakel voll auszukosten, sollte man für skurril-experimentelle Vorstellungen offen sein. Zusammen mit Paula, die nach ihrer Fernsehproduktion, wahrscheinlich wegen des überwältigenden kulturellen Angebots der Stadt, nicht mehr nach Brasilien zurückgekehrt war, ging ich eines Abends in die Oper. Wir wollten unsere argentinische Freundin Silvia, die in Deutschland Musik studiert hatte, Englischhorn im Opernorchester spielen hören. An diesem Abend sollte die Kantate *Apollo und Daphne* von Georg Friedrich Händel aufgeführt werden.

Der Opernsaal war nicht ausgebucht, sodass wir uns in eine der vorderen, besonders teuren Reihen auf wackelige Lederklappsessel setzen konnten. Knapp vor der Bühne saßen wir verbotenerweise und schauten uns um. „Ziemlich heruntergekommen das Ganze mit seinem barocken Stuck und dem ausgetretenen eichenbraunen Parkett", kommentierte Paula noch, bevor wir gespannt auf den Beginn der Vorstellung warteten. Nach einer kleinen Ewigkeit teilte sich der blutrote Samtvorhang, und eine junge Frau trat vor das Auditorium. Ihre Brüste waren beinahe entblößt, dafür bedeckte ihr Haupt eine strohblonde Perücke, die mich an den Kölner Karneval erinnerte. In ihrem neonpinkfarbenen Zellophankleid in Kombination mit ihrem knallroten Lippenstift sah die Darstellerin aus, als leide sie unter Farbenblindheit. Paula und ich mussten trotz der Ernsthaftigkeit der Szene unwillkürlich lachen. Als die bonbonartig verfremdete Operndiva endlich ihre knallroten Lippen öffnete und die Kantate anstimmte, kam neben dem Gesang noch ein neongelber kleiner Klumpen Masse zwischen ihren grellen Lippen zum Vorschein. „Siehst du, was ich sehe?", fragte mich Paula ungläubig. Ich nickte: „Ein Kaugummi." Wir konnten nicht mehr und prusteten los. Noch nie hatten wir eine solch explosive Farbmischung in einer so ernsthaften Oper samt Kaugummi kauender Opernsängerin erlebt. Ein wahres Spektakel!

Ein anderes Mal war ich mit Mariela zum Theater verabredet. Meine kleine Freundin wollte unbedingt dieses Stück sehen, da es von Freundschaft handelte. Diesmal war die Vorstellung ausverkauft und alle Reihen voll. Allerdings war die Schaubühne auch kleiner als das Opernhaus, und auch das Publikum war jünger. Wir setzten uns, und die Vorstellung begann – mit einem Paukenschlag. Das Trio der Akteure sprang splitternackt auf die Bühne und fing gleich an, sich gegenseitig zu befummeln. Sexszenen wurden simuliert, das Trio stöhnte animalisch und schrie in verschiedenen Sprachen Obszönitäten durch den Raum und in Richtung Publikum. „Freundschaft auf Argentinisch, oder was?", meinte ich grinsend. Mariela guckte mich schräg von der Seite an. Inzwischen fing eine Blondine an, immer lauter und lauter zu stöhnen, und brachte mich zum Lachen. Zum Schreien das Ganze. Auch Mariela lachte scheppernd los und steckte weitere Zuschauer an. Jemand schimpfte, Unruhe kam auf, es war Zeit, die Vorstellung zu verlassen.

Paula, Mariela, Silvia, José und mich trieb es im September von einer Kulturveranstaltung zur nächsten. Es war eine Zeit der Inspiration, die mir viele neue Ideen einbrachte. Theater, Tango, Vernissagen und Konzerte waren unser täglich Brot. Mittwochs trieben wir uns im Malba, dem Museum für Lateinamerikanische Kunst, herum, denn an diesem Tag ist der Eintritt ermäßigt und für Studenten gratis. Jeden ersten Donnerstag im Monat besuchten wir das Centro Cultural Recoleta, wo parallel in verschiedenen Räumen Ausstellungen eröffnet werden. Auch private Galerien wie die von Ruth Benzacar oder die Fotogalerie Ernesto Catena zogen uns mit ihrem reichen lateinamerikanischen Angebot an. Ebenso beflügelnd erlebten wir die Tanzkultur. Dienstags fand man uns Tango tanzend in der Milonga La Catedral. Freitags besuchten wir die Tangoschule DNI, nahmen dort einige Kurse und übten nachts die erlernten Bewegungen in der Milonga La Viruta. Den Rest der Woche verbrachten wir in der Musikkneipe El Bar de Roberto, im Viertel Almagro, wo sich zu nächtlicher Stunde spontane Ständchen talentierter Musiker ergaben. Auch die nationalen Rock- und Folkloresänger Fito Páez, Charlie García und Mercedes Sosa begleiteten uns auf unserer Kulturtournee.

Sogar deutscher Punkrock ergänzte das nationale Kulturprogramm. Die Toten Hosen sind neben Rammstein in Buenos Aires beliebter als jeder andere deutsche Import. Die Vorliebe für die deutsche Rockmusik geht bei manchen bis unter die Haut.

Eines Abends saßen Silvia und ich in der irischen Kneipe Shamrock. Einem jungen Mann, der uns kurz vorher an der Bar angesprochen hatte, erzählte ich, ich sei Deutsche, worauf er sich kurzerhand das Hemd aufknöpfte und mir seinen nackten Oberkörper präsentierte. Mich traf fast der Schlag. Auf der Brust und auf den Oberarmen stand tätowiert „Die Toten Höschen". Damit nicht genug. Er legte sein weißes Oberhemd auf dem Tresen ab und fing auf Fantasiedeutsch an, die Lieder der Düsseldorfer Band nachzusingen. Nach jeder Zeile starrte er mich mit erwartungsvollen Blicken aus aufgerissenen Augen an und bat und bettelte, bis ich ihm die Texte ins Spanische übersetzte. Den Rest des Abends verbrachte ich damit, ihm die Toten-Hosen-Liedertexte zu erläutern und aufzuschreiben.

Texte aller Art faszinieren den Porteño, und das auf eine Art, die die Philosophin in mir erfreut. So wie an den Zeitungskiosken Kaugummis und Bonbons in allen Farben angeboten werden, können die Kunden hier auch jedes Genre der Weltliteratur erstehen. Die schwerste Geisteskost wird nicht anders behandelt als ein buntes Lutschbonbon. Von Dante bis Marx, von Hesse bis hin zu Nietzsche tummeln sich die großen Namen von Literatur und Philosophie in Metro-Kiosken und in den Zeitungsständen an den Avenidas. Die Stadt ist durchdrungen von den weisen Denkern der Neuzeit und des Altertums, auch für den kleinen Mann von der Straße. In diesem Straßenverkauf sehe ich einen ganz neuen, informellen Zugang zur Literatur, der ihr etwas sehr Authentisches verleiht. Kurz und bündig: Weltliteratur wird hier weltmännisch verkauft.

Verkauft ist ein Klassiker im Taschenbuchformat leicht, aber wird er auch gelesen? Ja, während des Wartens auf die Metro oder den Bus. Die Denker werden auf sympathische Art vom Thron geholt, ohne dabei an Respekt einzubüßen. Der Kioskverkauf wirkt der Schwellenangst entgegen und der Leser kann sich vorstellen, auf Augenhöhe mit den erlauchten Geistesgrößen zu diskutieren. Mir gefällt dieser unverkrampfte Umgang mit der Weltliteratur sehr, entspricht er doch der Lockerheit des Porteño.

Vermutlich gehört zu dieser Lockerheit auch der freizügige Umgang mit pornografischen Heften, die aufreizend zwischen der Weltliteratur und den Jugendmagazinen griffbereit liegen. Häufig sind die schlüpfrigen Magazine mit den hitzigen Titelfotos an den Außenwänden der klapprigen Stände angebracht, damit auch jeder Passant mit der Nase darauf gestoßen wird. *Sex sells* – nicht nur am Kiosk, sondern allerorts. Die sekundären Geschlechtsmerkmale der Frau beherrschen das Bild der Titelseiten, der Fernsehprogramme und auch der Geschäfte. Sexy sein ist mehr als ein Gebot, es ist eine Tugend.

Inzwischen hatte ich mich an die Kommerzialisierung und Überhöhung der Erotik gewöhnt. Ziemlich geschockt war ich allerdings, als ich auf dem Bahnsteig der Subte, an einem unterirdischen Zeitungskiosk, einen „Klassiker" entdeckte – „Mein Kampf" von Adolf Hitler. Irgendwo hört die Lockerheit auf! Diese Hetzschrift gehört nicht einmal in ein unterirdisches Kiosksortiment, sondern auf den Index.

Seit ich dieses zu Recht geächtete Buch entdeckt hatte, begegnete ich dem alten Herren in meinem Haus reservierter. Automatisch fragte ich mich, ob der Deutsch-Argentinier mit den stechend blauen Augen und dem rollenden „R", der täglich mit mir in militantem Deutsch ein Schwätzchen abhalten wollte, wohl ein ehemaliger Nazi sei? Ein Nazi wie Adolf Otto Eichmann, der als SS-Obersturmbannführer mitverantwortlich für den Mord an sechs Millionen Menschen gewesen war. Diese Vermutung war nicht an den Haaren herbeigezogen, denn unter dem Decknamen Ricardo Klement und mit der Unterstützung klerikaler Kreise flüchtete der international gesuchte Verbrecher Eichmann 1950 nach Argentinien. Erst zehn Jahre später gelang es dem israelischen Auslandsgeheimdienst, Eichmann in Buenos Aires festzunehmen und nach Israel zu entführen, wo ihm der Prozess gemacht wurde, woraufhin er zwei Jahre später hingerichtet wurde. Wer weiß, vielleicht hatte der alte Herr aus Apartment 2 G eine ähnliche Vergangenheit wie Eichmann?

Im irischen Pub Shamrock saß ich an der Bar, als sie am anderen Ende der Erde starb. Paula, Silvia und ich hatten es uns gerade gemütlich gemacht, es musste gegen ein Uhr morgens gewesen sein. Wir tranken Wodka und meine beiden Freundinnen flirteten mit zwei hübschen Jungs. Auf einmal überfiel mich eine unendliche Müdigkeit, ich spürte einen Kloß im Hals und mir wurde flau im Magen. Es ging mir so schlecht, dass ich sofort die Bar verlassen wollte, um nach Hause zu gehen. Wie durch ein Beben, das mich unvorbereitet, aber aus allen Richtungen traf, war mir der Boden unter den Füßen entglitten. Trotz der Überredungskünste meiner Freundinnen bezahlte ich und ging. Keine acht Stunden später rief mich mein Bruder an, um mir mit matter Stimme mitzuteilen, dass meine Oma nachts zuvor, gegen ein Uhr, verstorben war. Ich hatte es geahnt, zumindest hatte ich geahnt, dass etwas Bedrohliches geschehen war.

Noch zwei Tage zuvor hatte ich mit meiner Oma telefoniert, aber ihre Worte nicht verstanden. Mit Oma Lisa! Es war sie, deren Namen ich trug und die zu meiner Geburt extra nach China gereist war, um mich persönlich zu empfangen. Aufgrund eines Schlaganfalls war es ihr am Telefon schwergefallen, sich zu artikulieren. Sie hatte nur noch „Tschüss" gesagt und dann aufgelegt. Ich wusste, dass Oma Lisa nicht mehr sagen wollte, denn sie wollte mich nicht beunruhigen über ihren nahen Tod. So blieb dieses „Tschüss" das letzte Wort, das ich mit ihr gesprochen hatte.

Wie betäubt lief ich nach dem Anruf meines Bruders aus dem Haus. Bolivianische Frauen saßen auf der Straße und boten frisches Gemüse feil. Ich kaufte aus ihren Körben heraus eine Ingwerwurzel, die weicher und saftiger nicht sein konnte. Eine Wurzel, die mich an meine eigenen chinesischen Wurzeln erinnerte, an meine Kindheit, an meine Oma Lisa. Noch nie zuvor hatte ich mich so weit weg von zu Hause gefühlt wie in diesem Moment.

Als ob der Verlust meiner Namensgeberin und Großmutter nicht genug wäre, starb kurz darauf die großartige und vom Volk verehrte Folkloresängerin Mercedes Sosa mit 74 Jahren an Nierenversagen. Ein ganzes Volk fiel in Trauer. Die

Lokalzeitungen überschlugen sich mit reißerischen Schlagzeilen: *Der Verlust der Stimme Lateinamerikas, die meistgeliebte Stimme der Argentinier ist verstummt, es wird keine zweite dieser Art geben!*

La Negra, die Schwarze, wurde sie liebevoll von ihren Anhängern genannt (Argentinier haben eine Vorliebe für praktische Kosenamen wie Dicke, Dünne, Große, Kleine, Blonde etc.). Zehntausende von Fans hatten sich an ihrem Todestag vor dem Kongress versammelt, um ihr die letzte Ehre zu erweisen. Auch Fußballhalbgott Diego Maradona war gekommen und sprach zu den Trauernden. Die Göttin der Freiheit sei verstorben, sagte er. Cristina Kirchner, die amtierende Staatspräsidentin, verordnete drei Tage Staatstrauer. Vermutlich, weil ihr Ehemann, der ehemalige Präsident Néstor Kirchner, ebenfalls schwer erkrankt war. In Patagonien starb er ein Jahr später an Herzversagen.

Obwohl das Phänomen Tod Teil meiner Buenos-Aires-Erfahrungen geworden war, beschränkte es sich nicht nur auf meine Erlebnisse. Der gewaltige Friedhof Recoleta, die Totenstadt im Herzen der Stadt mit ihren morbiden Gässchen und Grabstätten, welche die Skelette der argentinischen Elite, auch von Evita Peron, beherbergen, der Tango, dessen melancholische Strophen so oft von Verlust und Trauer erzählen, schließlich die aktuellen Tode und die kommenden; all dies machte mich glauben, dass die anarchische Stadt den Tod als Teil des Lebens anerkannte. Das unwiderrufliche Drama als unvermeidlicher Teil eines großen Ganzen. Tod und Leben sind im Bewusstsein der Menschen kein Gegensatz. Freude und Trauer sind nicht getrennt, beide existieren gemeinsam und beeinflussen einander. So wie die melancholische Note des Tangos Freude bereiten kann, kann auch die Trauer um die Verlorenen wie ein Bann wirken, der das Volk zusammenhält.

Oktober

2001, Gestalt und Fußball: Spannung bitte

Verkehrte Welt! Wer in Buenos Aires keinen Therapeuten hat, hat ein Problem. Hier ist es anders als in der übrigen Welt, wo Therapeuten nur Seelenklempner sind. Hier hat jeder seinen Psychologen, egal, ob er eine Psychose hat oder nicht. Sein Therapeut ist für den Porteño wie sein Friseur, er muss immer wieder zu ihm hin. Will man einen Therapeuten finden, ist das nicht schwierig, nur eine Sache von Minuten, denn in der Stadt gibt es statistisch betrachtet mehr Seelendoktoren als Schuhmacher. Ein Porteño ohne Therapeut ist wie die Psychoanalyse ohne Sigmund Freud. Der Seelendoktor spielt im Leben eines waschechten Porteño die Hauptrolle, er ist der zeitgemäße Priester, Friseur, Lebensberater und die große Anlehnschulter.

Was wäre Buenos Aires ohne seine Analytiker der Schule von Freud? Es wäre wie ohne Busse, eben nicht dieselbe Stadt. Immerhin gibt es einen ganzen Distrikt in Palermo, der den inoffiziellen Namen Villa Freud trägt. Manche sprechen auch von Palermo Sensible. Diese Spitznamen verdanken die Straßen um den Plaza Güemes den zahlreichen Praxen, welche sich seit den Sechzigerjahren dort angesiedelt haben. Weder New York noch Los Angeles, weder Bogotá noch Rio können mit mehr Seelendoktoren aufwarten. In mancher Hinsicht könnte man einem Argentinier vielleicht einen Bären aufbinden, aber nicht in Sachen Therapie. Sie gehört zum Alltag wie das *asado* und der Mate.

Niemand schämt sich, dass er psychische Probleme hat, im Gegenteil, sie gelten als Beweis für ein bewusstes, reflektiertes Leben, zu dem natürlich auch der entsprechende Doktor gehört. Patient, Doktor und Psychose sind ein ganz alltägliches Trio. Jeder, der einen Therapeuten sein Eigen nennt, ist bereit, sich mit seinem Triebleben, allen möglichen und unmöglichen Absonderlichkeiten und Obsessionen auseinanderzusetzen und Ordnung in der Rumpelkammer seiner Emotionen zu schaffen. Oft konnte ich Straßengespräche belauschen, vor allem, wenn mal wieder einer in sein Handy brüllte: „Alles klar, ich bin jetzt vor der Praxis meines Therapeuten. Wenn ich da raus bin, melde ich mich wieder, und wir besprechen alles!" „Also, mein Therapeut würde dazu sagen ..." Oder: „Das muss ich unbedingt meinem Therapeuten erzählen ..."

Langsam gewinne ich den Eindruck, mit dem Psychotherapeuten verhält es sich wie mit einer Mode. Auf jeden Fall ist es schick, seinen ganz intimen Seelendoktor zu haben, und sie werden wie Kosmetikerinnen weiterempfohlen. Während in Deutschland lediglich einem erlesenen Kreis von Freunden und Verwandten flüsternd mitgeteilt wird, dass man sich in therapeutischer Behandlung befindet, ist hier die Psychotherapie ein öffentliches Thema, das jeden etwas angeht. Persönliche Probleme und die dazu gehörende, unverzichtbare Therapie sind Angelegenheiten, die nicht im stillen Kämmerlein ausgetragen werden. Nein, man erzählt, diskutiert und bespricht seine Macken und Ängste, ohne dabei wirklich streng bei der Auswahl der Adressaten zu sein. Es kommt nicht darauf an, wie alt und vertraut eine Freundschaft ist, sondern es geht ums Erzählen an sich, denn das Gespräch selbst ist bereits eine Art Therapie.

Eines Tages stritten José und ich wegen einer belanglosen Kleinigkeit. Ich war genervt. Beim Kaffee – ich bezahlte mal wieder zu Monatsbeginn meine Miete – erzählte ich Raúl von den Turbulenzen in meiner Beziehung. Raúl hatte nichts Besseres zu tun, als mir sofort Agustín, seinen Gestalttherapeuten, aufs Wärmste zu empfehlen. „Lisa, ich will dir ans Herz legen, dass du bei Agustín nicht nur Einzelsitzungen nimmst, sondern auch an den Gruppen teilnimmst!"

Gesagt, getan!

Ich gehe meinen Lieblingsweg durch Palermo Soho hin zu dem Altbau in Palermo Hollywood, wo die Therapie in nicht mal einer halben Stunde stattfinden wird. Ich weiß nicht, was mich erwartet. Aber spannend würde es allemal werden, da bin ich mir sicher.

Die Holztür des einstöckigen Altbaus öffnete sich, nachdem ich einmal kurz und zweimal länger geklingelt und eine Weile gewartet hatte. Eine mir gänzlich unbekannte Frau mit ungemein leuchtenden, blaugrünen Augen öffnete mir die schwere Tür. „Hallo, wie geht's dir, ich bin Sabrina", begrüßte sie mich kurz und war schon wieder in der Küche verschwunden. Durch eine holzgerahmte Glastür, die zum weinbewachsenen Patio führte, sah ich Sabrina in der Küche stehen und Tee zubereiten. „Als Nächstes bist du dran mit dem Türaufmachen, so besagt es die Regel", rief sie mir burschikos zu. Es war das erste Mal, dass ich an der von Raúl empfohlenen Gestalttherapie-Theatergruppe teilnahm. Schon sollte ich mitbekommen, dass es ein Vorbereitungsritual vor jeder Morgensitzung gab. Immer musste der zuletzt Eingetroffene den nachfolgenden Besuchern auf das Klingelzeichen hin die Tür öffnen. Daraufhin bereiteten alle gemeinsam das Frühstück vor, um sich dann im Saal, wo die Therapiegruppe stattfand, mit ausgewählter Musik zu entspannen. Dieses Ritual absolvierten wir völlig selbständig, noch bevor die Therapeuten Alejandra und Agustín den Raum betraten. Der durch schwere Holzläden verdunkelte Saal war mit altem Parkett ausgelegt. Unter der sehr hohen Decke hing ein Gewirr aus verschiedenfarbigen Scheinwerfern, die auf die

Bühne gerichtet waren. Ein karmesinroter Samtvorhang unterteilte den Saal in gleich große Hälften. Der eine Teil diente als Theater, der andere als Verkleidungsparadies, in dem an langen Kleiderständern die schönsten Kostüme hingen. Mein Herz tat einen Sprung, als ich nach dem gemeinsamen Frühstück diese Stoffvielfalt entdeckte. Im abgetrennten Theaterraum lagen große rote Sitzkissen für die beiden Therapeuten auf dem Boden der Wand entlang bereit. Im Abstand von einigen Metern nahm die Gruppe auf bunten, mit indischem Stoff bezogenen Kissen im Kreis Platz. Am Anfang jeder Sitzung, dies gehörte ebenfalls zu den festgelegten Gruppenregeln, bezahlte jedes Mitglied einen selbst gewählten Honorarbetrag, der seinen finanziellen Verhältnissen entsprach. Ich zahlte pro Sitzung hundert Pesos, das entsprach 17 Euros. Angesichts meines gekündigten Sekretärinnen-Jobs und meiner aktuellen brotlosen Kunst war dieser Betrag das höchste der Gefühle. Mit der Zeit bekam ich mit, dass hundert Pesos durchaus im Normalbereich der Zahlungen lag, was mich beruhigte.

Die therapeutischen Gruppentreffen wurden einmal pro Woche abgehalten und zogen sich über drei Monate hin. In den ersten Sitzungen, bevor wir mit der Theater-Therapie begannen, wurden Lockerungsübungen durchgeführt, in denen sich die Teilnehmer kennenlernen konnten. Dieses Kennenlernen unterschied sich gänzlich von der üblichen Vorstellung mit Ballzuspielen und Namensnennung. Dieses Kennenlernen war ein haptisches. Jeweils zwei Personen bilden ein Pärchen. Sie setzen sich auf den Boden und schließen, nachdem sie sich eingehend betrachtet haben, die Augen, um dann mit ihren Händen das Gesicht des anderen tastend zu erkunden. Das Licht ist gedimmt, Tangomusik läuft leise im Hintergrund. Nach gut fünf Minuten öffnen beide ihre Augen und betrachten sich erneut. Jetzt sollen sie genau erforschen – das ist der eigentliche Sinn –, was sich nach dem „Finger-Sehen" des nun vertrauten Gesichts im Aussehen und im Gefühl gegenüber dem Partner verändert hat. Nach diesem Betasten setzen sich alle wieder im Kreis zusammen. Nun stellt einer der Partner sein Gegenüber der Runde durch spontane Eingebung und Imagination vor. Diese Vorstellung basiert auf dem intuitiven Wissen der zwei Menschen, die ohne Worte miteinander gearbeitet haben.

Während sich die anderen Teilnehmer im Kreis vorstellten, immerhin waren wir vierzehn an der Zahl, fiel mir auf, dass jeder Einzelne etwas über Buenos Aires zu erzählen hatte. Er oder sie sprachen über die Stadt und deren Einfluss auf ihr Leben. Erstaunt realisierte ich bei diesem ersten Mal, dass ich mit meinem Gefühl des Ausgeliefertseins gegenüber der ewig hungrigen, fordernden Metropole nicht alleine war. Im Gegenteil, jeder im Raum artikulierte mehr oder weniger klar das gleiche Empfinden. Ich schloss daraus, dass die Metropole in ihrer überwältigenden Macht die Psyche jedes Einzelnen, der sich hier länger aufhält, beeinflusst; womöglich sogar manipuliert. Unwillkürlich fragte ich mich, was solch eine Megastadt eigentlich neben der totalen Inspiration noch in einem auslöst. „Es ist der Hamsterrad-Effekt: Du rennst und rennst und kommst nicht von der Stelle. Auch wenn du glaubst, dein Ziel erreicht zu haben, bist du doch noch nicht angekommen." Mitten in der therapeutischen Gruppendynamik fielen mir die kritischen Worte Federicos, des Kurators, wieder ein. Die ständige Unruhe, die einen verfolgt, weil man befürchten muss, etwas zu verpassen. Vierundzwanzig Stunden soll man aktiv sein, muss man agieren, um der fordernden Stadt gerecht zu werden. Immer wieder war ich verblüfft, was Buenos Aires für eine stimulierende, aber auch antreibende Macht über Menschen ausüben kann.

In den folgenden Wochen erlebte ich in den Gruppensit-
zungen, die ich regelmäßig freitags besuchte, dieses „Nicht-
alleine-Sein". Es war ein beruhigendes Gefühl. Die Therapiegruppe gab mir Halt in dieser aufregenden, aber auch chaoti-
schen Welt und eröffnete mir eine neue Form von Geborgenheit, weit weg von meiner Familie. Alleine war ich nun nicht
mehr in diesem Kosmos, der sich die Stadt der „Guten Winde" nennt. „Mensch, eine Theater-Therapiegruppe! So was
Verrücktes gibt es nur in Buenos Aires! Gestalttherapie als
Theaterperformance, das nenne ich mal einfallsreich!", rief
Paula lachend, als ich ihr von meiner neuen Beschäftigung
erzählte.

Die Theaterszenen, die wir in den kommenden drei Monaten spielten, behandelten alle möglichen Gefühlszustände.
Es gab nur eine verbindliche Regel: Ein Problem existiert
nur gepaart mit einer dazugehörigen Lösung. Unsere kurzen Theaterstücke, oftmals nur Szenen, entsprangen unserer
Fantasie. Mal waren sie lustig, mal ernst und traurig, mal
aggressiv und wild. So spielte ich einmal Alfredo, einen Ar-
chäologen, der für Ausgrabungen in Äthiopien unterwegs war.
Ein anderes Mal schlüpfte ich in die Rolle von Cristina, der
Königin des Königreiches Argentinien. Als Marcelo agierte
ich wie ein Seefahrer, der sich auf Entdeckungsreise befand,
und, und, und. Jeder von uns schlüpfte in die Rollen verschiedener fiktiver Persönlichkeiten, von der jede Einzelne
eine Facette seiner Individualität repräsentierte. Die gespielten Charaktere entsprangen unseren Lebensumständen und
holten aus unserem Unterbewusstsein verborgene Wünsche,
Sehnsüchte, Ängste und Aggressionen hervor, ohne dass wir
eine ausgiebige Analyse des Geschehens betrieben. Unterstützend half das Kostümieren, um in die erfundene, aus dem
Inneren geborene Rolle zu schlüpfen. Kisten und Schränke
voller Kleider, Perücken und Accessoires beflügelten unsere

Fantasie. Was für eine herrliche Fundgrube! Mit jeder An-
ziehsache, die ich mir überstreifte, erwachten Alfredo, der
Archäologe, Cristina, die Königin, oder Marcelo, der Seefahrer, ein Stückchen mehr in mir. Schon konnte ich riechen,
fühlen, tasten, sehen und schmecken, was diese Wesen, diese
Teile von mir ausmachte. Beim Rollenspiel auf der Bühne
zerfloss alles um mich herum zu einem verschwommenen
Bild, sodass für mein neues Ego nur noch die Realität der
gespielten Szene existierte. Diese Art von Theaterspiel, das hätte ich vorher nie gedacht, setzt erstaunlich treffend authentische Gefühle frei.

Um nach dem Szenenspiel unsere Gemütsregungen auf
den Punkt zu bringen, zu strukturieren und sie zu deuten,
vor allem aber, um aus ihnen ein Verständnis zu gewinnen,
dafür saßen die beiden Therapeuten auf ihren Kissen auf
dem Boden bereit. Agustín eröffnete immer den Dialog mit
uns „Schauspielern". Ich erinnere mich an Raúls Worte, Agustín sei ein wahrer Sokrates. Inzwischen verstand ich, was er
mit diesem Vergleich gemeint hatte. Agustín besaß die ge-
niale Gabe, aus jedem von uns im Laufe des anschließenden
Gesprächs die Essenz, die für die persönliche Weiterentwick-
lung nötig war, herauszuschälen. Oft wurde ich Zeuge, wie
es vor allem den männlichen Teilnehmern schwerfiel, an den
Kern ihrer Gefühlswelt zu gelangen. Hier war Agustín, der
„therapeutische Sokrates", gefragt. Durch seinen sokratischen
Dialog, den er manchmal sanfter, manchmal weniger sanft
anwandte, stieß er immer bis zum eigentlichen Kern der Situation vor. Die Teilnehmer wurden durch seine rhetorische
Lenkung zum gewollten Ziel geführt, sodass sie sich wie aus
eigener Kraft ihrer inneren Verstrickungen bewusst wurden.

Im Gedächtnis habe ich noch eine Situation, die uns trotz
ihrer Tragik besonders herzlich lachen ließ. Ich nenne sie mal
die „Asadoyogi Tragikomödie". Rodolfo ist ein dicklicher Typ

mit einem Ray-Ban-Klassiker auf der Stupsnase. So weit, so gut. Aber er ist auch Yogameister und Anhänger der fernöstlichen Zen-Meditation. In einer Gruppensitzung widmete er sich der Lösung eines großen inneren Konflikts. Rodolfo liebt Fleisch über alles. Aber sein Zenmeister hatte ihm ein Fleischverbot auferlegt. Für einen Argentinier eine existenzbedrohende Strafe, ein wahrer Schicksalsschlag, dem obligatorischen Sonntags-Asado fernbleiben zu müssen! Als Rodolfo mit zerknitterter Miene von seiner inneren Zerrissenheit erzählte, mussten wir alle unwillkürlich lachen. Nein, wir kugelten uns vor Lachen, wir lachten so lange, bis auch Rodolfo, von unserer Laune angesteckt, lachen musste.

„Möchtest du Fleisch essen?", fragte Agustín plötzlich ernst. „Ja, ich kann ohne das sonntägliche *asado* nicht leben", beichtete Rodolfo. „Denkst du, dass du Fleisch jeden Tag brauchst?" „Ja, wenn ich ehrlich bin, schon, aber wenn das nicht geht, dann wenigstens jeden Sonntag." „Da hast du deine Lösung: Nicht jeden Tag, aber wenn du dich sonntags danach fühlst, darfst du zugreifen. Es geht nicht um das totale Verbot, es geht um das Mittelmaß. Lernst du, darauf zu hören, was dein Körper verlangt, brauchst du nicht mehr jeden Tag Fleisch zu essen. Das Verlangen reguliert sich, sobald du auf deinen Körper hörst." Rodolfos Dilemma war damit gelöst. Von nun an trug er den Namen Asadoyogi.

In den Stunden, die wir gemeinsam in dem von der Außenwelt abgeschotteten Raum verbrachten, wurde viel gelacht und geweint, sehr persönliche Geschichten, auch Geheimnisse, wurden geteilt und Lebensgeschichten offenbart. Stets herrschte eine menschliche und aufrichtige Stimmung der Akzeptanz zwischen uns, die mich auf eine impulsive Art beglückte.

Neben der Therapie-Begeisterung ist der Fußball die zweite große Leidenschaft der Porteños. Welches Team man als Fan unterstützt, ist keine rein sportliche Angelegenheit, sondern eine Frage der Identität. Geht es um Fußball, verhalten sich Argentinier genauso leidenschaftlich und emotional wie in der Politik und in der Liebe. So verweigert der Fußball-Halbgott Diego Maradona nach verlorenen Spielen Interviews in Anwesenheit der gegnerischen Mannschaft. Stattdessen weint, betet und brüllt er und beschimpft den Gegner. Als fair gilt für ihn nur ein Spiel, das er als Trainer mit seinem Team gewonnen hat. Verlieren ist nur schwer zu ertragen für jemanden, der ein geringes Selbstbewusstsein besitzt, würde mein Therapeut sagen. Aber für seinen exzentrischen Lebenswandel und seine authentische Art liebt und verehrt ihn das Volk. Nicht selten wird Maradona von Fans in seinem Äußeren nachgeahmt, und zwar richtig professionell. Er ist der Superheld dieser Leute. Nicht nur mit tätowierten Maradona-Porträts am Oberarm und mit lockigen Maradona-Frisuren im Achtzigerjahre-Vokuhila-Stil – vorne kurz, hinten lang – beten die Fans ihn an. Auch in ihrem Outfit sind sie ihrem „Fußballgott" treu: blauer, ballonseidener Jogginganzug mit weißen oder hellblauen Streifen, Goldkettchen und Turnschuhe. Zum Outfit passend: Maradonas Korpulenz und sein gewichtiger Gang. Alles vom Feinsten imitiert.

Jedes Fußballteam hat seine Mannschaftsfarben, die für die Anhänger auch *die* Modefarben ihrer Alltagskleidung sind. Rot, kombiniert mit Schwarz-Weiß, sind die Farben des 1901 gegründeten Fußballclubs River Plate. Neben dem Erzrivalen Boca Juniors das wichtigste Team der Nation. Das Boca-Stadion heißt vielversprechend Pralinenschachtel, La Bombonera. Es liegt in Hafennähe, im Arbeiterviertel La Boca, während das Heimstadion des rivalisierenden Teams im Reichenviertel Nuñez im Norden der Stadt liegt. Die Wahl der Farben von Boca Juniors hat der erste Präsident des Clubs der Schifffahrt überlassen. Die Flagge des Schiffs, das am kommenden Tag als Erstes in den Hafen einliefe, sollte die Clubfarben bestimmen. So sein Vorschlag. Das erste Schiff war ein Frachter, der unter schwedischer Flagge fuhr. So wählte der Präsident für seinen Club Boca Juniors die Farben Marineblau und Gelb.

Treffen die Farben Blau und Gelb auf Rot und Schwarz-Weiß, dann wird es den einen zu bunt, während die anderen den Atem anhalten. Beide Clubs sind die Gladiatoren der Nation.

Heute spielte für die Selección de Fútbol, die Vorauswahl zur Fußball-Weltmeisterschaft, Argentinien gegen Peru. Schon zweimal zuvor hatte Argentinien verloren. Jetzt ging es um die Wurst. Würde Caudillo Diego Maradona mit seiner Elf erneut verlieren ... *adiós* Südafrika. Die gesamte Stadt hielt den Atem an, die Straßen waren wie leergefegt, Totenstille, alle saßen vor den Fernsehgeräten.

Nach dem 1:0 für Argentinien schwappte eine Welle der haltlosen Begeisterung durch Buenos Aires. Freudenschreie und Siegesgebrüll aus allen Himmelsrichtungen wirbelten wie Tornados durch die Straßen. Aber das Spiel war noch nicht vorüber, Südafrika hing noch an einem seidenen Faden. Immerhin noch vier Minuten bis Spielende. Trotzdem, der Freudentaumel hielt an, der Porteño war sich seines Sieges sicher.

Von wegen! In der letzten Minute Ausgleich für Peru. Als ob die Götter Argentinien beweinten, begann es in Strömen zu regnen. Von einer Sekunde auf die nächste kippte die Begeisterung in Friedhofsruhe um. Totenstille durchzog die Avenidas und drang bis in die Wohnzimmer vor. Die Jungs von Josés Jazz-Band und ich verfolgten das Ausscheidungsspiel im Proberaum der Band. Wir glotzten fern, obwohl sich das Haus in der Straße Moldes ganz in der Nähe des Stadions im nördlich gelegenen Viertel Saavedra befand. Wie wir um das Fernsehgerät versammelt saßen, erlebte ich José und seine Musikerkollegen von einer ganz neuen Seite. So hatte ich die Jungs noch nie zu Gesicht bekommen. Die Sunnyboys waren plötzlich wie ausgewechselt. Sie zogen lange Fluppen und schwiegen wie stumme Fische, als die entscheidende letzte Spielminute begann. Wir starrten auf den Bildschirm. Und da geschah das Wunder: Der blondierte argentinische Spieler Martín Palermo sauste aus dem Hintergrund nach vorne und schoss im strömenden Regen das entscheidende Tor, das Ticket für Südafrika. Der Jubel aus dem Stadion, das fünfundzwanzig Blocks entfernt lag, drang bis zu uns in den Kellerraum in die Straße Moldes. José hämmerte wie wild auf sein Schlagzeug ein, der Trompeter blies eine Fanfare in die Luft und wir alle lagen uns triumphierend in den Armen.

Zweifelsohne war dieses Spiel gegen Peru ein Fußballkrimi, aber durch die Wetterkulisse – Regen, Donner und Blitz – wurde es zu einem Himmelsschauspiel besonderer Güte. Neunzig Minuten waren gespielt, auf der Mattscheibe der Held Palermo in Großaufnahme, immer wieder. Die Kamera zoomt ihn dicht heran, ich sehe, wie er sich in Zeitlupe sein Trikot über die tropfnassen Haare reißt, während ihm Freudentränen über das Gesicht laufen und sich mit dem Regen vermischen.

Aufgrund seines spektakulären Entscheidungstors für Argentinien erkor ihn die Nation zum neuen „Fußball-Heiligen".

„¡Qué emoción! Wie ergreifend!", rief José ganz aus dem Häuschen und umarmte mich überglücklich. Nachdem wir uns von den Bandjungs verabschiedet hatten, rannten wir vergnügt durch den strömenden Regen zum Bus.

Nach dem Sieg über Peru gewann Argentinien 1:0 gegen Uruguay und qualifizierte sich für Südafrika. Obwohl ich mit Fußball nichts am Hut habe, war ich doch infiziert vom Virus, so mitreißend war die Euphorie der Fußballnation Argentinien. Für die Dauer der Auswahlspiele fieberte ich auf argentinischer Seite mit und fühlte mich als Teil des Vorweltmeisterschaftsrummels, der das ganze Land angesteckt hatte.

Hätte man mir vor einem halben Jahr erzählt, dass mich ein Fußballereignis so mitreißen würde, hätte ich vehement widersprochen. Fußball? Wie langweilig! Ein Glück, dass einem die Fremde immer wieder neue Perspektiven eröffnet.

Obwohl ich Philosophie studiert habe, machen viele zeitgenössischen Begriffe aus Politik, Philosophie und Literatur oft auf mich den Eindruck von sinnentleerten Hülsen, die über Generationen hinweg immer ein Quäntchen mehr ausgehöhlt wurden, weil ihre Inhalte vor der Form zurücktreten mussten. Zum Beispiel Politik. Wer in Deutschland interessiert sich noch wirklich für Politik? Wer engagiert sich noch über die einmalige Spende an Amnesty International und die Acht-Uhr-Nachrichten auf ARD hinaus politisch? Wie auch ernsthaft engagieren, tangiert uns doch keine Armut, keine Hungersnot oder gar ein Krieg, leben wir doch in einer Gesellschaft, die immer noch ihren Wohlstandsbauch vor sich herträgt und vom Speck der fetten Jahre zehrt.

Untersuche ich nun das Leben der Porteños, machen philosophische Theorien aus meinem Studium plötzlich wieder Sinn, denn ich entdecke hinter Abstraktionen das reale Leben, auch den Tod und die Träume der Menschen. Statt mit intellektuellen Verschachtelungen sind sie angefüllt mit Leidenschaft. Auf einmal sind Begriffe der Kulturgeschichte keine Museen oder Tempel mehr, sondern wahrhafte Schauplätze. Ich kann es regelrecht fühlen: Politik lebt. Literatur lebt. Philosophie lebt. Kunst liegt auf der Straße, Musik in der Luft.

Durch die existenziellen Krisen, die das argentinische Volk in den letzten zwei Jahrzehnten durchgemacht hat, in denen viele Menschen ihr Hab und Gut, ihre Kinder oder selbst ihr Leben verloren haben, sind Politik, Kunst und Literatur immer noch durchdrungen vom Leid und dem Aufschrei der Menschen. Noch immer gilt es, Wunden zu heilen, damit die Zukunft wieder licht werden kann.

Die Nation wurde durch die sogenannte Argentinische Krise, die im Dezember 2001 im Corralito, im „Ställchen", gipfelte, beinahe zugrunde gerichtet. „Ställchen" nennt der Volksmund das System der radikalen Begrenzung der Bargeldzirkulation in der nationalen Volkswirtschaft. Diese pekuniäre Restriktion wurde von der von 1999 bis 2001 herrschenden De-la-Rúa-Regierung angeordnet, um den wirtschaftlichen Kollaps zu verhindern. Genau genommen war diese Maßnahme des damaligen Wirtschaftsministers, Domingo Cavallo, eine Enteignung, denn er veranlasste die Sperrung sämtlicher Geschäfts- und Privatkonten, damit das deponierte Geld im Zuge der Krise nicht aus dem Wirtschaftskreislauf abgezogen werden konnte. Nur durch diese Zwangsmaßnahme wurde der totale Kollaps des Finanzmarkts verhindert. Cavallos Notlösung wurde allerdings auf dem Rücken des Volkes ausgetragen und konnte die Katastrophe nicht abwenden. Millionen Argentinier verloren ihre Ersparnisse, die sie auf der Bank deponiert hatten. Die meisten von ihnen mussten den Verlust des hart verdienten Geldes machtlos mit ansehen, denn sie kamen nicht mehr an ihre auf der Bank angelegten Ersparnisse heran.

Das erzürnte Volk protestierte in den Avenidas und vor dem Regierungssitz wegen des Geldverlusts und gegen die Korruption der Carlos Menem-Regierung. Plünderungen und Gewalt bestimmten ab sofort das Land. Der Wirtschaftsbankrott hatte sich schon 1998, zum Ende der zehnjährigen Amtsperiode von Carlos Menem, abgezeichnet. So war die „Ställchen"-Politik der De-la-Rúa-Regierung lediglich die Weiterführung der extremen Misswirtschaft der vorausgegangenen Menem-Regierung und wurde nur marginal von internationalen Wirtschaftsfaktoren bedingt. Die Menem-Regierung hinterließ ein Finanzdefizit von Milliarden, wobei die wahren Faktoren für die schlimmste Rezession dieses Jahrhunderts Privatisierung der Staatsbetriebe, neoliberale Wirtschaftspolitik und Koppelung des Pesos an den US-Dollar hießen.

Nach dem Rücktritt von De La Rúa im Dezember 2001 verschliss das Land innerhalb von zwei Wochen fünf Präsidenten. Erst mit dem Amtsantritt von Eduardo Duhalde beruhigte sich die Lage, aber Argentinien stand vor einem Schuldenberg von 140 Milliarden US-Dollar. Bis heute hat sich das Land von dem ökonomischen Zusammenbruch nicht vollständig erholt. Immer noch herrschen Armut, Misstrauen und Inflationssorge im Volk. Bis heute sind viele Argentinier enttäuscht von den Politikern, was sich oft durch die resignative Haltung „¡mañana!, morgen!" bemerkbar machte. Kein Wunder dachte ich, denn die Unfähigkeit lokaler Politiker, strukturelle Veränderungen durchzusetzen, war offensichtlich.

Eines Abends spazierte ich mit José in Lanús die Straße entlang, als wir bemerkten, dass ein hölzerner Elektrizitätsmast brannte. Da der Mast neben einem Baum stand, hatte auch dieser Feuer gefangen. Schon drohte der Brand, sich auszubreiten. José griff nach seinem Handy und rief die Notfallnummer 110 an. Er berichtete dem Diensthabenden am anderen Ende der Leitung von dem Unglück und bat um schnelle Hilfe. Der Beamte verwies ihn an eine andere Behörde mit der Nummer 112, da er nicht für Gran Buenos Aires zuständig sei. José griff daraufhin erneut zum Handy, wählte die empfohlene Nummer 112 und berichtet den Vorfall ein zweites Mal. „Aber Sie rufen ja aus Gran Buenos

Aires an. Wir sind hier nur für Buenos Aires zuständig, da müssen sie schon die Nummer 110 wählen", belehrte ihn der zweite Notdienst. José rief nicht mehr an. Sein Blick verriet, dass er wütend war. „Auf dass das ganze Land niederbrenne!", schimpfte er verdrossen.

Ob der Elektromast, der Baum und die daneben stehende öffentliche Schule abgebrannt sind, sollte ich nie erfahren. Mit der Zeit entdeckte ich allerdings, dass die Gelassenheit der Hauptstadtbewohner oft nur die glänzend polierte Oberfläche einer tiefer liegenden Schicht von Resignation darstellt.

Während meiner Jahre an der Uni hatte ich viel Abstraktes über den Wirtschaftsbankrott Argentiniens erfahren. Seit ich hier lebe, kann ich bestimmte Verhaltensweisen besser verstehen. Zum Beispiel die Tatsache, dass viele Argentinier nur noch einen geringen Teil ihres Vermögens auf der Bank deponieren. Das meiste Geld wird „banksicher" hinter gepanzerten Türen von privaten Wandsafes oder in Geheimfächern von Möbeln, aber auch in Verstecken wie falschen Steckdosen, in deren wandseitiger Ausbuchtung ein kleines Geheimfach steckt, in der eigenen Wohnung gelagert. Sicherlich ist der misstrauische Umgang mit dem Bankwesen für viele ein Abenteuer mit offenem Ausgang, das auf die wirtschaftlichen Unruhen seit der Krise von 2001 zurückzuführen ist.

Manchmal ist ein Besuch in der Bank frustrierend, zuweilen amüsant. Aber immer dauert er mindestens vierzig Minuten. In meiner Stammbank, der kleinen Supervielle Filiale am Plaza Güemes, werde ich, noch bevor ich den Raum überhaupt betreten kann, durch zwei Sicherheitsstahltüren geschleust. Ist die erste Tür passiert, gibt mir eine lebende Miniatur von Sicherheitsmann in braun-gelber Uniform ein Zeichen, ich solle warten. Glück gehabt: Der kleine Sicherheitsherr hat mich für *clean* empfunden und mir die zweite Schleusensicherheitstür per Summer aufgedrückt. Der kleine Alejandro, so heißt nämlich der Miniaturmann, ist so klein, dass ich mich jedes Mal frage, ob er sich nicht den falschen Job ausgesucht hat.

Nachdem ich die beiden Schleusen und den Minimann im Rücken hatte, hatte ich eine vom einen zum anderen Ende des Bankraums reichende Schlange vor mir.

Wie ich stehe und warte und warte, sehe ich hinter der Sicherheitsglasscheibe drei Sitzplätze für die Schalterbeamten, aber nur zwei sind besetzt. Wobei einer der besetzten Schalter, die mit Sprechmikrofonen ausgestattet sind, für VIP-Kunden reserviert ist. Okay, übe dich in Geduld, unter eineinhalb Stunden wirst du hier nicht wieder raus sein!

Vor mir stehen noch fünfzehn Wartende, die Geld brauchen. Wie ich wieder nach vorne durch die Scheibe sehe, entdecke ich das Problem Nummer zwei: die attraktive Angestellte, die ich „meine miesepetrige Banktante" nenne. Meist versuche ich, ihren gnädigen Diensten auszuweichen, aber heute befinde ich mich dummerweise am einzig offenen Schalter für Nicht-VIP-Menschen, also in der Reihe, die geradewegs auf ihre schlechte Laune zuführt. Das hübsche dunkelhaarige Mädchen sieht mal wieder aus, als hätte sie ein Kilo saure Gurken vor sich auf dem Tresen. Sie fand immer ein Problem, wenn es ums Einwechseln meiner Euro-Scheine ging. Mal hatten sie eine geknickte Kante, mal waren sie ihr nicht glatt genug. Bei den Männern an den anderen Schaltern lief es dagegen meistens glatt. Aha, da haben wir es wieder, das Mann-Frau-Syndrom wie im Ausländeramt und überhaupt überall!

Im Raum hinter der Glasscheibe, der wiederum durch eine zweite Scheibe von einem noch tiefer gelegenen Raum abgetrennt ist – als könnten solche Vorkehrungen einen weiteren wirtschaftlichen Ruin verhindern –, sehe ich Angestellte im Kostüm und Anzug, die sich angeregt unterhalten. Abwechselnd saugen sie an der *bombilla* und lassen den Mate kreisen. Unglaublich, dieser Laden! Wird hier eigentlich auch gearbeitet?

Grade fange ich an zu schwitzen, weil die Klimaanlage ausgefallen war, als plötzlich der dritte Schalter besetzt wird. Sehr gut! Der Tag ist doch noch zu retten! Den jungen Herrn kenne ich schon und weiß, dass er zuvorkommend bedient. Zum Glück komme ich zu ihm. Schon fängt er an zu plaudern. „Ah, du kommst aus Deutschland! Woher denn da?", fragt er, während seine schlanken Finger sich an meinen Fünfhundert-Euro-Schein herantasten. Als Antwort auf mein „aus Köln" erzählt er mir freudig, dass sein Bruder in Düsseldorf lebe. Ich nicke ihm ungeduldig zu und erwarte nun die eigentliche Prozedur des Geldwechselns. Und zwar dalli-dalli! Es ist schon ziemlich ungewöhnlich, dass der Kunde seinen Reisepass plus Kontaktdaten sowie seine hiesige Adresse und Telefonnummer herausrücken muss, um eine fremde Währung gegen Pesos wechseln zu können. Immerhin verdient die Bank an der Transaktion und nicht der Kunde.

Erst jetzt bemerke ich, dass Señor „Bruder in Düsseldorf" nicht nur die übliche Geldwechselprozedur durchführt, sondern mir auch ein eindeutiges Grinsen zuwirft, ein Grinsen, das mich unangenehm berührt. Ich werde rot, Schweißperlen gesellen sich zu meinen Sommersprossen. Ich ärgere mich, dass Señor „flirtender Bankangestellter" mich vor sämtlichen Wartenden in solch eine peinliche Situation bringt. Sind das die neugierigen Blicke der Wartenden hinter mir, die mir plötzlich im Nacken brennen? Quatsch, Lisa, Frauen werden nun mal überall bewundert, sogar am nüchternen Bankschalter, also alles easy. Vermutlich stört sich wirklich keine der Personen hinter mir daran, dass dieser Typ mich grade anmacht. Im Gegenteil, die Männer in der Schlange gratulieren ihm sicherlich zu seinem Job, bei dem er Ausländerinnen ins Dekolletee spinksen und sich auch noch deren Handynummer und weitere Kontaktdaten legal beschaffen kann. Als Nächstes untersuchen die sonnengebräunten Hände des jungen Herrn meinen rosaroten Fünfhundert-Euro-Schein sowohl mit einem Scanner als auch mit manuellen Tasttechniken. Allmählich kommt mir das Prozedere ziemlich absurd vor.

Und dann, nach gefühlten zwei Stunden, geht alles ziemlich „schnell". Ich unterschreibe die Empfangsquittung. Er händigte mir das dicke Bündel von 29 Hundert-Peso-Scheinen aus, die er nach dem Abzählen mit einem gelben Gummiband in kleine Päckchen sortierte. Das geordnete Bündel schiebt er mir durch den Schalterschlitz auf die Theke. Ein letzter flirtender Blick, ein letztes Clark-Gable-Lächeln, ein „hasta luego", und endlich stehe ich wieder an den Sicherheitsschleusen nahe bei Alejandro, dem winzigsten Sicherheitsmann von Buenos Aires. Als ich nach fast eineinhalb Stunden völlig verschwitzt und mit ausgedörrter Kehle wieder unter die Palme auf die Plaza trete, entscheide ich mich zu lachen.

November

Vollmondtanz

Wieder gewann die Sonne an Kraft, und die Tage wurden angenehmer. Die Bäume hatten sich ihr lindgrünes Gewand umgelegt, und die Rosen im Botanischen Garten in Palermo standen in voller Blüte. Der Frühling begrüßte mich im Monat November, der unter dem Stern des Ankommens und des Aufbruchs stand.

Erneut wartete ich am Terminal des internationalen Flughafens Ezeiza. Das letzte Mal war ich die 35 Kilometer hierher gefahren, um meinen Vater abzuholen. Und vor knapp einem Jahr war ich selbst in Ezeiza angekommen. Unwillkürlich musste ich im Terminal an meine Abreise denken. Schon in vier Wochen würde ich wieder in dieser Halle stehen, um nach Deutschland zurückzufliegen.

Nach einer halben Stunde Wartezeit gingen die Milchglasscheiben der Schiebetüren zur Ankunftshalle auf, die Flugzeugbesatzung kam mit ihren Trolleys in marineblauen Uniformen aus der Halle mit den Gepäckbändern spaziert. Nach weiteren fünf Minuten die ersten Passagiere. Mein Herz pochte heftig, an den Handflächen schwitzte ich beachtlich. Ich war aufgeregt, denn ich erwartete hohen Besuch. Zwölf Monate waren vergangen, seit ich meine Mutter Marlene und meine Schwester Hannah nicht mehr gesehen hatte. Nun sollten sie gleich durch diese auf- und zuschwingende Tür kommen und vor mir stehen! Noch kam mir diese Vorstellung wie ein schöner Traum vor, als beide im nächsten Moment, nicht weniger aufgeregt als ich, vor mir auftauchten. Mit ausgebreiteten Armen lief ich auf sie zu, augenblicklich fielen wir uns in die Arme und jauchzten alle drei vor Freude. Was für ein schönes Wiedersehen! Immer wieder umarmten wir uns innig, bis wir uns beruhigt hatten. „Mama! Wo ist denn dein zweiter Koffer?", fragte Hannah verwundert. „Ach du liebe Zeit, den habe ich vor lauter Aufregung auf dem Band liegen lassen!" Meine Mutter drehte sich um und ging zu dem Security-Mann in Uniform, der an der Schiebetür aufpasste, dass niemand in den abgesperrten Zollbereich eindrang. Sie versuchte, dem uniformierten Hüter des Gesetzes in gebrochenem Spanisch ihr Missgeschick zu erklären. *„¡Olvidar pieza!* Zimmer vergessen!", wiederholte sie immer wieder aufgeregt, während sie in Richtung der noch immer rotierenden Gepäckbänder deutete. Der Sicherheitsbeamte legte den Kopf schräg und starrte sie verwundert an. Ich erriet, dass sie eigentlich *„Me olvidé mi valija"*, ich habe meinen Koffer vergessen, sagen wollte. „Typisch Mutter", sagten Hannah und ich gleichzeitig und mussten beide lachen. Auch wenn der Sicherheitsmann den Sinn von „Zimmer vergessen" nicht begriff, verhielt er sich wie ein souveräner Porteño. Anstatt die ausländische Dame abzuweisen oder gar zurechtzuweisen, lächelte er charmant und deutete ihr an, dass sie zurück in die verbotene Zone gehen dürfe. Rasch lief meine Mutter zurück und schnappte sich den einsam rotierenden roten Koffer. Willkommen im Land der „menschlichen" Vorschriften.

Frohgemut bestiegen wir ein Taxi und fuhren nach Palermo.

Eine Heimsuchung, die meinen Gästen und mir widerfuhr, hieß Stadtrundfahrt. Eigentlich sollte es nur ein Gag sein, denn keiner von uns liebt eigentlich solche 0815-Sightseeing-Touren. Nicht anders als in London, hier nur in Gelb, fahren die Touristenbusse zweistöckig durch die Gegend und behindern den Verkehr, weil sie oft stehen bleiben, damit man knipsen kann. Als wir die Tickets kauften, ahnten wir noch nicht, auf was für eine Nervenprobe wir uns eingelassen hatten.

Mit den Tickets in der Hand standen wir an der Haltestelle des Vergnügungsbusses, als es auf einmal begann, wie aus Eimern zu schütten. Von einem Moment auf den anderen befanden wir uns vor einer grauen Wand aus Regen, zum Glück unter einem schützenden Dach. Vorerst störte uns das nicht wirklich, da wir davon ausgingen, dass für ein Busdach über den Köpfen gesorgt sei. Die meisten Sightseeing-Busse sind nämlich Cabrios, deren Blechdach bei Sonnenschein abgenommen werden kann.

Als der City-Tour-Bus an der Haltestelle der Einkaufsstraße Florida vorfuhr, sahen wir sofort, dass er trotz des wütenden Regens kein schützendes Dach besaß. Rundreisende stiegen völlig durchnässt mit am Körper klebenden Haaren und Kleidern aus und blickten mehr als unglücklich drein, als sie wieder sicheren Boden betraten. Verwundert fragten wir, wo denn das Dach des Busses abgeblieben sei. „Heute fehlt das Dach, es ist zur Reparatur. Sie müssen im Regen fahren", war die flapsige Antwort der Kartenverkäuferin des Sightseeing-Unternehmens, die in einem graumelierter Kabuff an der Straßenkante saß. Mit zwanzig weiteren durchnässten Passagieren standen wir im strömenden Regen, hielten die aufgeweichten Tickets in der Hand und ärgerten uns doch sehr. Zum Schutz vor Regen und ungehaltenen Touristen hatte sich die Ticketdame hinter ihrer winzigen Luke verbarrikadiert. Alle, auch der Fahrer, wurden langsam nervös. Verärgert schimpften die Besucher auf Portugiesisch, Englisch, Deutsch und diversen anderen Sprachen auf das in grau-gelbe Westen gekleidete Buspersonal ein. Ohne Erfolg, man ignorierte unseren Protest gegen eine Cabriofahrt im strömenden Regen. Als eine ältere Engländerin einen der Bediensteten bei der grau-gelben Weste zu fassen bekam, sagte sie mit wutbebender Stimme, sie wolle ihr Geld zurück haben. In meinem Rücken erschallte eine Stimme, die reißerisch anpries: „Fünfzig Pesos für einen Schirm jetzt! Das ist doch allemal besser, als morgen hundert Pesos für Medikamente zu bezahlen!" Als ich mich umdrehte, sah ich einen Schirmverkäufer, der aufdringlich hin- und herlief. Gleich neben dem fliegenden Verkäufer entdeckte ich meinen Freund, dem der Geduldsfaden gleich reißen würde, so hochrot war er im Gesicht. José hatte sich laut darüber beschwert, dass der fliegende Händler die Notlage der Touristen ausnutzte und die Schirme zu einem horrenden Preis anbot. Die Szene drohte zu eskalieren, was gewiss auch am miesen Wetter lag.

Die Frau neben dem Busfahrer, mit der ich mich unterdessen stritt, wiederholte wie ein Roboter: „Ich habe nichts damit zu tun, ich bin nur der Tour-Guide." Dieses Abspulen ihres Sprüchleins verärgerte mich nur noch mehr. Jetzt mischte sich eine ebenfalls durchnässte, rothaarige Argentinierin in den Streit ein. Bisher hatte sie schweigend dagestanden. „So können wir Argentinier unsere Touristen wirklich nicht behandeln, Señorita", sagte sie mit durchdringender Miene zu der Roboterfrau. Froh darüber, dass eine Einheimische sich auf unsere Seite schlug, guckte ich mich hoffnungsvoll nach Marlene und Hannah um. Stattdessen erblickte ich einen Brasilianer mittleren Alters, der den Mitarbeitern über die Theke hinweg auf Spanisch-Brasilianisch zurief: „Saaagt ma, ist das eigentlisch das erste Maaal, dass es in dieser Stadt rägnet, he? Was für ein mieeeses Unternähmen seid ihr eigentlisch?" José, meine Mutter, Hannah und ich mussten trotz Wut im Bauch unwillkürlich lachen. Wie recht der Tourist aus dem Nachbarland doch hatte.

Die Mitarbeiter weigerten sich weiterhin stur, eine gütliche Lösung zu finden. Und im Hintergrund pries der gewiefte Schirmverkäufer wieder und wieder seine Schirme zu einem unverschämten Preis an. Laut riefen die Touristen in ihren Sprachen durcheinander, sie wollten entweder ihr Geld zurück oder einen anderen Bus. Das Regentheater wollte kein Ende nehmen. Nachdem wir über eine Stunde mit den Angestellten gestritten hatten, fuhr ein Bus mit intaktem Dach vor. In dieses Gefährt wurde der erzürnte Touristenauflauf energisch und „flott, flott!" abgeschoben. Sie wollten uns endlich loswerden. Auch wir hatten keine Lust mehr auf endlose Diskussionen, die sich im Nichts verloren. Erleichtert, ohne zu wissen, dass Teil zwei des Drama-Ausflugs schon auf uns wartete, stiegen wir in den vorgefahrenen Bus ein.

Die hart erkämpfte Fahrt unter Dach sollte sich als ein Gruseltrip entpuppen. Obwohl die gelb leuchtende Broschüre sämtliche großen Sprachen versprochen hatte, ertönte das Programm nur auf Englisch und Spanisch. Was zumindest für uns drei kein Problem gewesen wäre, hätten sich die Kopfhörer regulieren lassen. Tatsächlich aber funktionierte die Ansage lediglich in einer Lautstärke für Hörgeschädigte. Es war unmöglich, die Beschreibung und Erklärung der Sehenswürdigkeiten, die wir passierten, akustisch zu verfolgen. Ein paar Touristenstationen nach der Abfahrt wurde auch den Schwerhörigen in unserer verwegenen Gruppe klar, dass die Texte im Kopfhörer und die Bilder auf dem Monitor über dem Fahrer so wenig aufeinander abgestimmt waren wie Hugo Chávez und George W. Bush. Dazu kam, dass die auf den äußeren Plätzen sitzenden Touristen ganz nass wurden. Das Dach des an den Seitenfenstern offenen Busses war so unvorteilhaft konstruiert, dass Regenwasser auf die Sitze der Fensterreihen tropfte. Der Brasilianer in den weißen Hosen auf dem Fensterplatz gegenüber von mir blickte sich verlegen um, als er entdeckte, dass man durch seine total durchnässte Leinenhose seine mit Spongebob-Emblemen verzierte Unterhose sehen konnte.

Während wir im Schritttempo durch die Innenstadt zockelten, benebelte uns die stickige Abgasluft des lawinenartigen Verkehrs derart, dass wir uns nicht entspannt mit den Attraktionen beschäftigen konnten. Vielmehr waren wir damit beschäftigt, unsere Atemwege zu schützen, ohne dabei an akuter Erstickungsgefahr zugrunde zu gehen. Es war über der Regendach-Diskussion spät geworden, sodass die *hora pico*, der Berufsverkehr, über die breiten Straßen hereingebrochen war. „Hätte ich mir auch denken können, dass die Busfahrt in dieser Stadt nicht grade eine Fahrt ins Grüne wird!", sagte ich schuldbewusst zu meinen leidend dreinblickenden Gästen, die sich grade erst von ihrem Jetlag erholt hatten. Hannah, meine Mutter, José und ich saßen völlig fertig auf feuchten Plastiksitzen, während wir uns nur wünschten, ohne Erkältung zu Hause anzukommen. Als der Bus endlich in Richtung Palermo einschwenkte, stieg in uns ein Fünkchen Hoffnung auf. Beim Zwischenstopp am Rosengarten ergriffen wir unsere einmalige Chance und verließen vorzeitig das Monstergefährt.

Wie eine Befreiung empfanden wir unseren Absprung und die damit zurückgewonnene Mündigkeit. Bald verflog die miese Laune, und beschwingt spürten wir wieder den Asphalt unter den Füßen. Der Himmel lockerte auf und der Regen stoppte. „Was für ein Trip!", seufzte meine Mutter, als wir in der Haustür standen.

Im Apartment 3 G angekommen, warfen sich Marlene und Hannah sogleich aufs französische Bett. José machte Mate und ich ging *Dulce de Leche*-Torte kaufen, hatte ich doch einiges bei meinen Liebsten wiedergutzumachen. Nie wieder würde ich solch einen Bus besteigen, schwor ich mir, als ich in der Bäckerei Schlange stand. Der nächste Ausflug würde eine Reise in die Natur werden!

Sprachlos erfasst von der Eleganz und Kraft der Natur, standen meine Mutter, Hannah und ich vor dem patagonischen Gletscher Perito Moreno nahe der kleinen Stadt El Calafate.

Nachdem José und ich uns voneinander verabschiedet hatten, waren wir drei Frauen in den Flieger von Aerolineas Argentinas gestiegen, der uns nach Patagonien bringen sollte. Zum Abschluss meines Jahres in Buenos Aires wollte ich endlich einmal weit, weit weg. Ins legendäre Patagonien, das immerhin 2727 Kilometer südlich von Palermo liegt. Viel hatte ich über den argentinischen Süden gehört und gelesen, nun wollte ich ihn selbst erleben.

Klein wie eine Playmobil-Figur fühlte ich mich jetzt, im Angesicht dieser gewaltigen Eismassen des Perito Moreno, dessen Gletscherspalten ultrablau und geheimnisvoll leuchteten. Hier unten in Patagonien, beinahe am Ende der Welt, erscheint die Natur so klar und rein, dass mir das knapp 3000 Kilometer entfernte Buenos Aires wie das verwegenste Labyrinth vorkam.

In Gedanken ließ ich vor der Kulisse der unverfälschten Weite der südlichen Landschaften mein Buenos-Aires-Jahr Revue passieren und erinnerte mich an den Traum der letzten Nacht. Erst gestern hatten wir El Calafate verlassen und uns in dem 240 Kilometer entfernten Abenteurerdorf El Chalten am Fuß des gewaltigen Fitz Roy einquartiert. Ich träumte von einer alten Dame. Deutlich sah ich das Bild einer greisenhaften Frau mit faltigem Gesicht, die dicht vor mir stand. Sie blickte mich ruhig, aber eindringlich mit wachen Augen an. Als ich ihr Gesicht näher betrachtete, erkannte ich Santa María del Buen Ayre, die Schutzheilige der Seefahrer. Nach ihr war Buenos Aires im Jahr 1536 benannt worden. Ich wurde ruhiger im Schlaf und mein Körper begann, während ich ihren Blick annahm, sich warm und wohlig anzufühlen. Ungezwungen streckte mir die alte Frau den Arm entgegen und öffnete einladend die runzelige Hand. Unverkennbar, sie lächelte, und mit einer rauen, aber angenehmen Stimme sagte sie: *„Bienvenida Lisa*, willkommen, Lisa." Auch ich lächelte nun. Weiter geschah nichts. Noch im Traum schien es mir, als sei die Patronin von Buenos Aires aus einer anderen Zeit und von weit her zu mir gekommen. In ihrem Kern schien sie sich nicht zu unterscheiden von der Stadt, die sie beschützte, von Buenos Aires. Die Stadt war des Nachts zu mir gekommen, jetzt, da ich kurz davorstand, ihr den Rücken zu kehren. Aber was sollte diese seltsame Traumbegegnung bedeuten?

Den Rest der Nacht schlief ich tief und traumlos. Am nächsten Morgen frühstückten Marlene, Hannah und ich in unserer gemütlich eingerichteten Selbstversorgerhütte. Das Holzhaus auf einer saftigen Wiese, gleich neben einer Pferdekoppel, erinnerte mich an meine Kinderferien im Allgäu, auf dem Bauernhof der Familie Sommer. Bloß waren es nicht Pferde, sondern Kühe gewesen, die ich damals im Urlaub jeden Morgen zu Gesicht bekam. Die Kühe wurden mir sehr vertraut, sie wurden die Gefährten jener Urlaubstage. Jeden Tag aufs Neue konnte ich es vor Vorfreude kaum abwarten, mit dem Bauern Sommer auf dem Traktor mitzufahren, den Stall zu putzen und die gutmütigen Milchtiere mit ihren braunen, sanften Augen, die so lange Wimpern besitzen, auf die Weide zu treiben. Halbwüchsig, wie ich war, lief ich mit einem selbst geschnitzten Stecken in der Hand und erheblich kleiner aufragend als ihr Widerrist hinter den Tieren her. Mit dem langgezogenen Ruf „Hohohohoho!", den ich von meiner Mutter, der Melk-Expertin, gelernt hatte, trieb ich sie vor mir her. Damals empfand ich eine tiefe Befriedigung und satte Ruhe, nahe den Kühen in der Natur. Dieselbe Ruhe, die ich jetzt angesichts der gewaltigen patagonischen Landschaft wieder verspürte.

Nach dem Frühstück beschlossen wir, eine Wanderung zu einem Wasserfall zu unternehmen. Es versprach, ein sonniger und heißer Tag zu werden, weswegen wir uns gut eincremten und Hüte aufsetzten. Der Weg führte uns auf einer geschlängelten Schotterstraße in ein grünes Tal mit einem Bachlauf. Zu unserer Linken sahen wir von Weitem den 3406 Meter hohen, nahezu senkrecht aufragenden Fitz Roy mit seiner einzigartigen Silhouette. Wie er so ruhig und anmutig über der Landschaft stand, schien es mir, als herrsche ein friedlicher Riese unter einem spitzen, weißen Hut über das Tal. Einige Zeit wanderten wir entlang der Schotterpiste, bis die Wegmarkierung uns in ein kleines Wäldchen führte. Grün und schattig empfing uns die wilde Vegetation und bot uns Schutz vor der nun schon hoch stehenden Sonne. Weit und breit war niemand zu sehen oder zu hören. Nur Vogelgezwitscher und der berühmt-berüchtigte patagonische Wind. Mehrmals hielten wir an, um uns unbekannte Pflanzen und Sträucher anzuschauen, und wir fühlten uns wie drei Abenteurerinnen in einem unentdeckten Land.

Nach etwas über einer Stunde Fußmarsch erreichten wir den im Wald versteckten Wasserfall. Eiskalt sprang er, vom Gletscher kommend, an einem bemoosten Felsvorsprung hinab und bildete unter dem grauen Granit ein einladendes, tiefgrün schimmerndes Wasserbecken. Die Luft empfand ich als unendlich klar und sauber. Vogelstimmen und das Rauschen des Wassers mischten sich in die Stille. Hier hatten es sich einige Besucher unter den Laubbäumen gemütlich gemacht. Wir taten es ihnen gleich. Hannah packte Butterbrote aus, während ich Mate zubereitete. Vorsichtig schüttete ich durch die schnabelförmige Öffnung der Thermoskanne heißes Wasser auf den argentinischen Tee. Kurz musste ich an José denken. Dann sah ich meine Mutter, die ihr gerötetes Gesicht im kleinen, vom Wasserfall herführenden Bach erfrischte. Es war heiß geworden, sodass es auch mich bald zum kalten Gletscherwasser trieb. Ich hockte mich ganz tief auf die Fersen, so, wie ich es viele Male in Asien bei den Menschen gesehen hatte. Ganz nahe der Erde durchdrang mein Blick das kristallklare Wasser bis auf den geheimnisvoll glitzernden Grund. Behutsam ließ ich meine Hand in das eiskalte Wasser gleiten. Es fühlte sich weich an und kühlte sanft meine erhitze Haut. Eine erfrischende Welle wogte durch meinen Körper vom Scheitel bis zu den nackten Sohlen. Schon bekam ich Lust, im Bach zu baden, doch dafür war er zu kalt. Ich beschloss, noch immer auf den Fersen hockend, das Wasser mit den Händen über den Nacken, die Oberarme und die Fesseln zu sprengen. Zum Schluss neigte ich den Kopf in Richtung Wasser und schaufelte es mir mit beiden Händen über das Haar.

Kaum berührte das eisige Wasser meinen Scheitel, erinnerte ich mich wieder an den nächtlichen Traum. So niedergehockt, fiel mir wieder die alte Schutzheilige Señora Santa María del Buen Ayre ein, und schlagartig verstand ich die Bedeutung meines Traums. Ich hatte mir einen Ort zum Leben ausgesucht, der fortwährend seine Identität verändert, um zu existieren. Ein Ort, dessen Schicksal Wandel heißt, denn seine Bewohner stammen aus verschiedenen Teilen der Erde und stellen auf diesem Stück Land in einem bestimmten Augenblick ihres Lebens ihren Koffer ab, um hierzubleiben. Mir wurde bewusst, dass ich einen Platz gewählt hatte, der Mitmenschen aus aller Welt beherbergt und der für sie und wegen ihnen existiert. Ein Ort, dessen Identität sich nicht aus einem Gründermythos nährt, sondern aus dem Stoff besteht, der jeden Tag von diesen selben Menschen durch ihre Träume, ihr Leid, ihre Freude, ihre Wünsche und ihre Kraft aufs Neue geschrieben wird.

Unter dem patagonischen Wasserfall war mir Buenos Aires näher gekommen als je zuvor. Klarer als je zuvor hatte ich durch meinen Traum den Kern der Stadt erfassen können. Aber des Nachts war ich nicht nur María del Buen Ayre begegnet, sondern auch einem Teil von mir.

Während mich die Erinnerung überkam und das kalte Wasser über meinen Kopf rann, fühlte ich mich, als sei ich soeben von der Erde, auf der ich stand, getauft worden. Die reine Flüssigkeit, welche sich weich, aber bestimmt wie Honig über meine Haare ergoss, ließ mich die jahrtausendealten Geheimnisse des Landes erahnen, ließ mich spüren, dass ich willkommen war und von nun an Teil eines Ganzen bildete.

Zurück in Buenos Aires, organisierten wir zusammen mit José für seine Mutter Diana eine Geburtstagsparty auf der Terrasse ihres Hauses in Lanús. Viele waren gekommen, aber der tollste Besuch, das war der Vollmond, der extra für uns am schwarzen Himmel aufgegangen war. Er meinte es gut mit der ausgelassenen Partygesellschaft, er strahlte uns weiß schimmernd an. Alle waren sie gekommen, Onkel, Cousins, Tanten, Geschwister, Großeltern und Freunde. Die Luft zwischen den Häusern wogte von lateinamerikanischer Musik, Gelächter und dem Klappern von Geschirr. Ein leckerer Duft zog vom Grill zu uns herüber. Wir feierten ein durch und durch argentinisches Fest.

Als ich mich umguckte und sah, dass sich sowohl meine Schwester als auch meine Mutter und alle anderen prächtig amüsierten, stahl ich mich davon. Es war ein besonderer Moment, stand ich doch so kurz vor meiner Abreise.

Meine Gedanken trugen mich an einen der Orte zurück, die mir als Erstes in Buenos Aires begegnet waren. Erst gestern war ich, vermutlich ein Zufall oder auch nicht, an der kleinen grünen Bude um die Ecke meiner Wohnung vorbeigekommen. Ja, derselbe Blumenstand, vor dem Anna und ich vor fast einem Jahr des Nachts gestanden hatten, als wir aus der Milonga La Catedral nach Hause wollten. Beschwingt war ich gestern wieder in einer warmen Frühlingsnacht an dem Stand vorbeigelaufen. Das Taxi hatte mich an der Straßenkreuzung Scalabrini Ortiz und Paraguay rausgelassen. Schon von Weitem hatte ich den kleinen Stand an der dunklen Avenida entdeckt. Beim Näherkommen hörte ich wieder wie vor einem Jahr die lateinamerikanische Cumbia-Musik.

Alles kam mir vor wie damals, nur dass ich mich verändert hatte. Damals – die Stadt, noch unbekannt und neu. Damals – ich: ein unbeschriebenes Blatt. Weder hatte ich Irina, die feurige Tangolehrerin, gekannt noch José. Schon gar nicht hatte ich geahnt, dass Buenos Aires siebenhundertneunundvierzig, in Zahlen: 749 Buslinien besitzt. Jetzt war es anders. Mir war klar, wen ich im Blumenlädchen vorfinden würde und woher die Cumbia-Musik kam. Vor mir entfaltete sich das letzte Jahr, während in meinem Inneren rauschartig ein Gefühl des Glücks und der Freude, prickelnd wie Sektperlen, emporstieg. Alles, was ich mir vorgenommen hatte, wurde Wirklichkeit! Eine schöne Wohnung habe ich gefunden, Freundschaften geschlossen, Ausstellungen organisiert. Ich gehöre zu den Künstlern einer außergewöhnlichen Galerie, ich habe einen tollen Mann getroffen, der an meine Seite gehört. Was aber noch mehr zählt, ich habe unter der quirligen und lockeren Oberfläche die tieferen Schichten von Buenos Aires entdeckt.

Nach einem Jahr fühlte ich mich hier so wohl, dass es mir schwerfiel, an den Abflug zu denken. Nun war ich keine Besucherin mehr. Ich besaß ein Langzeitvisum, verstand den Dialekt der Porteños und konnte die Heilige Schrift, die

Busfibel, handhaben, ohne länger als eine halbe Stunde meditieren zu müssen. Kurzum, aus mir war eine waschechte deutsch-chinesische Porteña geworden. Ich fühlte Dankbarkeit, blickte nach oben und flüsterte lächelnd „Gracias" in den Himmel zum leuchtenden Mond.

Plötzlich spüre ich eine vertraute Hand auf meinem Arm, die mich sachte in die Partygesellschaft zurückholt. Ich blicke mich um und sehe in Josés Augen. „Komm, lass deine Gedanken ziehen und tanz mit uns!", sagt er mit einem ansteckenden Lächeln. Ohne etwas zu erwidern, lächele ich zurück. Er hat recht, die Vollmondnacht ist so besonders, dass es Verschwendung wäre, sie mit nostalgischen Gedanken zu vergeuden. Der noch junge Abend fordert zum Tanz auf. Warme Luft streichelt die ausgelassene Gesellschaft, so als wolle sie sich bei uns einschmeicheln, um mit uns zu feiern.

„Komm, tanz mit mir!", fordert mich José wieder auf, und gerne willige ich ein. In seinem Blick funkelt etwas Freches, und im nächsten Moment zieht er mich mit einem Ruck auf die Tanzfläche. Immer wieder drehen wir uns wie ein Kreisel und lachen. Der schnelle Rhythmus lässt nach, die Melodie wird sanfter, ich wiege mich leicht in seinen Armen. Eng umschlungen tanzen wir als Paar. Leichter und leichter werdend, folge ich dem Rhythmus der Musik und spüre eine Gewissheit in mir wachsen. Ich bin ganz sicher, dass mein Jahr in Buenos Aires noch lange nicht zu Ende ist. Auf einmal ertönt die Melodie des Tangos *Siempre se vuelve a Buenos Aires*, Zurück nach Buenos Aires kehrt man immer. Ich summe mit, und mir wird klar: Nun bin ich angekommen.

Epilog

Buenos Aires hat so viele Facetten und Wahrheiten wie Einwohner und Besucher. Jeder Einzelne birgt seine persönliche Version der Stadt. Dies ist meine.

Anmerkung

Die meisten Personennamen sind aus Wahrung der Privatsphäre geändert worden.

Danksagung

Ich danke meinem Vater Uli Franz von Herzen für die ausdauernde Unterstützung.

Auch danke ich Britta für ihren exzellenten Humor und ihre Geduld und Alejandra & Pablo für ihren Tango-Beistand.

Woanders leben

Bettina Baltschev
Ein Jahr in Amsterdam
Reise in den Alltag
Band 6002

Julica Jungehülsing
Ein Jahr in Australien
Reise in den Alltag
Band 5818

Barbara Baumgartner
Ein Jahr in Barcelona
Reise in den Alltag
Band 5823

Lisa Franz
Ein Jahr in Buenos Aires
Reise in den Alltag
Band 6235

Cornelia Tomerius
Ein Jahr in Istanbul
Reise in den Alltag
Band 5940

Anna Regeniter
Ein Jahr in London
Reise in den Alltag
Band 5741

Nadine Sieger
Ein Jahr in New York
Reise in den Alltag
Band 5946

Silja Ukena
Ein Jahr in Paris
Reise in den Alltag
Band 5742

Frauke Niemeyer
Ein Jahr in Rio de Janeiro
Reise in den Alltag
Band 6161

Kristina Maroldt
Ein Jahr in Südafrika
Reise in den Alltag
Band 6143

Christiane Wirtz
Ein Jahr in Tel Aviv
Reise in den Alltag
Band 5928

Andrea Thiele
Ein Jahr in der Toskana
Reise in den Alltag
Band 5729

HERDER spektrum